アジア統括会社の税務入門 第2版

税理士法人　名南経営
NAC国際会計グループ　編

中央経済社

はじめに

　近年の経済のグローバル化の進展により，活発化した日本企業の海外進出は，地産地消を目的にした進出も増え，その企業規模，進出地域は多様化しつつあります。一方で，日本企業の海外現地法人の約7割が中国・東南アジアを中心とするアジアに集中しています。東南アジアにおいては，中国と比較して低い人件費による製造業のさらなる拡大，低い平均年齢を背景とした労働人口の安定確保および中間層の所得拡大により，今後も堅調な成長が見込まれています。中国においては，平均賃金の高まりに伴う消費市場の拡大，従来の製造業の単なる集積地から電子機器・自動車産業・自動化設備産業を中心とした高付加価値・高機能製品の製造業への転換，支付宝・微信支付によるキャッシュレス社会の実現など高度なソフトウエア開発に裏づけされた新たな価値の創造を進め，経済成長を持続させています。

　このような環境下，中小企業においても，海外拠点が以前のように中国一拠点から，中国内に二拠点，東南アジアに二拠点など，複数国に複数拠点を有する企業も多くなり，連結売上高における海外拠点の重要性はますます高まってきています。

　海外拠点の重要性が高まるにつれ，めまぐるしく変わる法制度や海外企業との厳しい競争環境に対応するため，海外拠点の連携・効率化，迅速な意思決定，海外拠点における資金の有効活用という観点から，地域本部・海外統括会社を検討・設立する企業が増加しています。

　税理士法人名南経営およびNAC国際会計グループは，そのような検討の一助となるべく，2013年8月に本書初版を発刊しました。

今回の改訂版（第2版）は，初版発行後に改訂された法制度の改訂事項を盛り込むとともに，平成29年税制改正に規定された「外国子会社合算税制」につき，新制度に対応すべく大幅な見直しを図っております。日系企業における海外ビジネス成功の一助となることを願っています。

　最後に，本書の出版にご尽力をいただいた中央経済社の奥田真史氏と関係者の皆様に心から御礼申し上げます。

2017年12月

税理士法人　名南経営
理事長　安　藤　教　嗣
NAC国際会計グループ
代表　中小田　聖一

CONTENTS

第1章　統括会社を設立する前に検討すべき事項

第1節　海外進出企業の現状と課題 ―― 2
- **1** 直近10年間の海外進出状況の特徴 ―― 2
- **2** 中国進出の増加要因と今後 ―― 3
- **3** ASEAN進出のメリット ―― 7
- **4** 進出企業を取り巻く環境 ―― 9
  - (1) 現地の各種制度（法務・税務・労務等）への対応／9
  - (2) 高騰する人件費への対応／9
  - (3) 商流の変化／10
- **5** 海外進出企業の課題 ―― 11
  - (1) 現地における管理部門の不在／11
  - (2) 原材料，人件費等のコストの増加／11
- **6** 海外進出企業管理の特殊性 ―― 12
  - (1) 現地での情報収集／13
  - (2) 意思決定のスピード／13
  - (3) 現地での権限委譲／14

第2節　統括会社 ―― 14
- **1** 統括会社の意義とその役割の変化 ―― 14

2 統括会社の機能 ──────────────────────── **16**
(1) 現地法人において重複する間接業務を集約すること／16
(2) 地域単位における意思決定権を有すること／17

3 統括会社の3つの類型パターン ──────────────── **17**
(1) パターン1：特定の現地法人に統括機能を付加／18
(2) パターン2：統括機能を付加した現地法人に出資させる／18
(3) パターン3：統括機能のみを保有する法人を設立／19

4 統括会社の立地の要件 ────────────────────── **20**
(1) 地理的な利便性／20
(2) インフラの整備／20
(3) 各種規制の緩和／20
(4) 優秀なホワイトカラーが豊富であること／20
(5) 税務コストが高くないこと／21

5 統括会社に関わる税務 ────────────────────── **21**
(1) 受取配当に対する課税／21
(2) キャピタルゲインに対する課税／22
(3) 過少資本税制／23
(4) 租税条約／23

6 日本本社の外国子会社合算税制 ──────────────── **23**

第2章　統括会社をどこに設立すべきか？

第1節　設立候補地となるアジア諸国の概要 ─────── **26**

1 中　国 ────────────────────────────── **26**
(1) 概　要／26
(2) 地　理／27
(3) インフラ／27

　　　　(4) 税　務／28
　2 香　港──────────────────────────── *28*
　　　　(1) 概　要／28
　　　　(2) 地　理／29
　　　　(3) インフラ／29
　　　　(4) 税　務／29
　3 シンガポール──────────────────── *30*
　　　　(1) 概　要／30
　　　　(2) 地　理／30
　　　　(3) インフラ／31
　　　　(4) 税　務／32
　4 タ　イ──────────────────────────── *32*
　　　　(1) 概　要／32
　　　　(2) 地　理／32
　　　　(3) インフラ／33
　　　　(4) 税　務／33
　5 インドネシア──────────────────── *34*
　　　　(1) 概　要／34
　　　　(2) 地　理／34
　　　　(3) インフラ／34
　　　　(4) 税　務／35

第2節　5地域を比較した場合の優位性────── *35*

　1 地理的利便性─────────────────────── *36*
　　　　(1) 中　国／36
　　　　(2) 香　港／36
　　　　(3) シンガポール／36
　　　　(4) タ　イ／36
　　　　(5) インドネシア／37
　2 インフラ──────────────────────── *37*
　　　　(1) 中　国／37

(2)　香　港／37
　　　(3)　シンガポール／37
　　　(4)　タ　イ／37
　　　(5)　インドネシア／38
　3　税　務 ··· *38*
　4　優位性を考慮した場合の統括会社の設立地域 ·· *39*

第3章　3地域（シンガポール・香港・上海）の会計・税務

第1節　シンガポールの会計・税務 ———————— *42*

　1　会計制度 ··· *42*
　2　会計基準 ··· *42*
　3　財務諸表 ··· *43*
　4　会計監査 ··· *43*
　5　税制の概要 ··· *44*
　　　(1)　慣習法に依存した法律体系／44
　　　(2)　低税率／44
　　　(3)　住民税，事業税／44
　　　(4)　賦課課税制度／45
　　　(5)　キャピタルゲイン非課税／45
　　　(6)　種々の優遇税制／45
　　　(7)　税務調査／45
　6　税金の種類 ··· *46*
　7　法人税 ·· *46*
　　　(1)　納税義務者／46
　　　(2)　課税年度／47
　　　(3)　課税対象所得／47

(4)　税率と税額の計算／47
　　　(5)　課税所得の種類／49
　　　(6)　課税所得の計算／49
　　　(7)　申告期限／54
　　　(8)　予定納税／54
　　　(9)　納　付／55
　8　個人所得税 ────────────────────────── *55*
　　　(1)　納税義務者／55
　　　(2)　課税所得の範囲／56
　　　(3)　税率と税額の計算／57
　　　(4)　課税所得の計算／57
　　　(5)　申告・納付／58
　9　消費税（GST） ───────────────────────── *58*
　　　(1)　課税対象／58
　　　(2)　納税義務者／59
　　　(3)　納　付／59
　　　(4)　優遇税制／59
　10　シンガポールと他国との租税条約 ─────────────── *60*
　　　(1)　シンガポールでの租税条約の締結状況／60
　　　(2)　日本とシンガポール間の租税条約／60
　11　シンガポールにおける移転価格税制 ─────────────── *61*

第2節　香港の会計・税務 ──────────────── *63*

1　会計制度 ──────────────────────────── *63*

2　会計基準 ──────────────────────────── *64*

3　会計監査 ──────────────────────────── *65*
　　(1)　会計監査の義務づけ／65
　　(2)　会計監査の持つ税務調査的な側面／65

4　税制の概要 ─────────────────────────── *65*
　　(1)　低税率／66
　　(2)　簡素な税制／66

(3) 非課税方式による二重課税の排除／66
(4) 例外的な源泉徴収制度／66
(5) 予定納税制度／67
(6) 賦課納税制度／67
(7) 省力化された税務調査／68

5 税金の種類　　68

(1) 事業所得税（Profits Tax）／68
(2) 給与所得税（Salaries Tax）／68
(3) 資産所得税（Property Tax）／68
(4) 事業登録税（Business Registration Fee & Levy）／69
(5) 印紙税（Stamp Duty）／69
(6) 資本登録税（Capital Duty）／70
(7) 固定資産税（Rates & Government Rant）／70
(8) 物品税（Excise Duties）／70
(9) 車両登録税（First Registration Tax）／70
(10) 賭博税（Betting Duty）／71

6 事業所得税　　71

(1) 納税義務者／71
(2) 課税年度／71
(3) 課税対象所得／71
(4) 税率と税額の計算／71
(5) 課税所得の計算／72
(6) 申告期限／73
(7) 納税方法および期限／75

7 給与所得税　　75

(1) 納税義務者／75
(2) 香港源泉の判定／75
(3) 税率と税額の計算／76
(4) 課税所得の計算／77
(5) 純課税所得の計算／77
(6) 申告期限／79
(7) 納税方法および期限／79

8 香港と他国との租税協定 ——————————— 79
  (1) 香港での租税協定の進展／79
  (2) 日本と香港間の租税協定／80
  (3) 中国と香港間の租税協定／81
9 香港における移転価格税制 ——————————— 82

第3節　上海の会計・税務 ——————————— 83

1 会計基準 ——————————————————— 83
  (1) 企業会計準則／83
  (2) 小企業会計準則／84
2 財務諸表 ——————————————————— 84
  (1) 企業会計準則／84
  (2) 小企業会計準則／84
3 会計監査 ——————————————————— 84
4 税金の種類 —————————————————— 85
5 企業所得税 —————————————————— 86
  (1) 納税義務者／86
  (2) 課税所得の範囲／87
  (3) 税率と税額の計算／87
  (4) 課税所得の計算／87
  (5) 申告・納税／88
6 個人所得税 —————————————————— 88
  (1) 所得の種類／89
  (2) 納税年度／89
  (3) 納税義務者と課税所得の範囲／90
  (4) 賃金給与所得／90
7 増値税 ——————————————————— 92
  (1) 納税義務者／92
  (2) 課税範囲／93
  (3) 税　率／94
  (4) 納税義務者の分類／95

- (5) 源泉徴収義務者／96
- (6) 税額計算／96
- (7) 申告・納税／96
- (8) 輸出還付／97

8 中国と他国との租税条約 ……………………………… 97
- (1) 中国と他国との租税条約／97
- (2) 日本と中国間の租税条約／97
- (3) 香港と中国間の租税協定／100

9 中国における移転価格税制 ……………………………… 100
- (1) 概　要／100
- (2) 移転価格税制に関する規定／100
- (3) 関連者の定義／100
- (4) 企業年度関連業務取引報告書／102
- (5) 同時文書の準備／102

第4章　留意すべき日本の「外国子会社合算税制」

第1節　外国子会社合算税制の概要 ────── 106

第2節　適用対象となる日本法人 ────── 109
- **1** 同族株主グループ …………………………………… 111
- **2** 判定時期 …………………………………………… 112

第3節　適用対象となる外国法人 ────── 112
- **1** 外国関係会社 ………………………………………… 113
- **2** 特定外国関係会社 …………………………………… 115

(1)　特定外国関係会社の判定／115
　　　(2)　高税率免除基準（会社単位合算課税の適用免除）／116
　3　対象外国関係会社 ────────────────────── *116*
　4　制度適用免除基準 ────────────────────── *116*
　5　租税負担割合の計算 ───────────────────── *117*
　　　(1)　分母となる所得の金額／117
　　　(2)　分子となる外国法人税の額／118
　　　(3)　所得の金額がない場合の特例／118
　　　(4)　判定時期／118

第4節　経済活動基準 ─────────────────── *119*

　1　統括会社と被統括会社 ───────────────────── *120*
　　　(1)　統括会社／120
　　　(2)　被統括会社／121
　　　(3)　統括業務／121
　　　(4)　統括会社および被統括会社の判定時期／122
　2　事業基準 ─────────────────────────── *123*
　3　実体基準 ─────────────────────────── *124*
　4　管理支配基準 ───────────────────────── *125*
　5　非関連者基準と所在地国基準 ─────────────────── *126*
　　　(1)　非関連者基準／126
　　　(2)　所在地国基準／128
　　　(3)　主たる事業の種類の判定／129
　6　申告要件等 ────────────────────────── *130*

第5節　会社単位合算課税制度 ─────────────── *130*

　1　合算課税される事業年度 ──────────────────── *131*
　2　合算課税される金額 ───────────────────── *131*
　3　「基準所得金額」の計算 ──────────────────── *132*

(1)　子会社配当等の控除／133
　　(2)　控除対象配当等の控除／134
　　(3)　適用順位等／135
4　「適用対象金額」の計算 ……………………………………………… *135*
　　(1)　過去7年間の欠損金額／136
　　(2)　納付をすることとなる法人所得税の額／137
　　(3)　特定外国関係会社または対象外国関係会社が支払う配当等の取扱い／137
5　「課税対象金額」の計算 ……………………………………………… *138*
6　計算における通貨と換算 ……………………………………………… *139*

第6節　受動的所得部分合算課税 ― *139*

1　部分合算課税される事業年度 ………………………………………… *140*
2　部分合算課税される金額 ……………………………………………… *140*
3　「特定所得の金額」の計算 …………………………………………… *140*
4　「部分適用対象金額」の計算 ………………………………………… *141*
5　部分適用対象金額に係る適用除外 …………………………………… *141*
6　「部分課税対象金額」の計算 ………………………………………… *143*

第7節　二重課税排除 ― *143*

1　課税対象金額または部分課税対象金額に係る外国法人税額の控除 ……………………………………………………………………… *144*
　　(1)　控除対象外国法人税の額／144
　　(2)　国外所得金額の計算上の取扱い／145
2　控除対象所得税額等相当額の控除 …………………………………… *145*
3　合算課税後に外国法人から配当等を受ける場合の取扱い ………… *146*

第5章 シンガポールにおける統括会社設立の関連規定

第1節　進出・出資の形態 ———————————————— *150*
- **1** 進出形態 ———————————————————————— *150*
- **2** 出資形態 ———————————————————————— *150*

第2節　株式会社設立手続および注意点 ——————— *151*
- **1** 組織形態 ———————————————————————— *151*
  - (1) 有限責任会社（Limited Company）／152
  - (2) 無限責任会社（Unlimited Company）／153
- **2** 設立に必要な情報 ————————————————————— *153*
  - (1) 商　号／153
  - (2) 登記上の住所／154
  - (3) 事業目的／154
  - (4) 株式引受人／154
  - (5) 株　主／154
  - (6) 払込資本金額／155
  - (7) 設立時の取締役／155
  - (8) 事業（会計）年度／155
  - (9) マネージング・ダイレクター（MD）／チーフエグゼクティブ・オフィサー（CEO）／156
  - (10) 会計監査人／156
  - (11) カンパニー・セクレタリー（会社秘書役）／157
- **3** 必要な手続と書類 ————————————————————— *157*
  - (1) 使用商号の予約／157
  - (2) 定款の作成／157
  - (3) 設立手続／158

⑷　必要な書類・情報／158
　4　登記料 ··· *159*
　5　設立のスケジュール ··· *159*

第3節　株式譲渡手続の流れ ─────────── *160*

　1　株式の譲渡制限 ·· *160*
　2　株式譲渡手続 ··· *160*
　3　増資手続 ··· *161*

第4節　株式譲渡に係る税務の取扱い ────── *163*

第5節　地域統括会社の優遇税制 ─────── *163*

　1　地域統括会社の優遇税制 ·· *163*

第6節　合併・事業譲渡 ──────────── *165*

　1　M&Aスキーム（Mergers and Acquisitions, M&A）······ *165*
　　　⑴　取得会社／166
　　　⑵　取得子会社／166
　　　⑶　被取得会社または運営子会社／167
　　　⑷　被取得会社の普通株式の取得割合／167
　　　⑸　取得方法／167
　　　⑹　法人税について／169
　　　⑺　印紙税について／170

第6章 香港における統括会社設立の関連規定

第1節　進出・出資の形態 ──── *174*

第2節　法人設立手続および注意点 ──── *175*

1　組織形態 ──── *175*
(1)　無限責任会社（Unlimited Company）／176
(2)　有限責任会社（Limited Company）／176
(3)　公開会社と私的会社（Public CompanyとPrivate Company）／176

2　設立に必要な情報 ──── *177*
(1)　会社名の決定／177
(2)　株主の選定／177
(3)　取締役の選定／178
(4)　資本金／178
(5)　事業目的／178
(6)　会社秘書役／178

3　設立の手順 ──── *179*
(1)　設立証明書の発行申請／179
(2)　設立証明書の受領／179
(3)　商業登記証の発行申請および受領／179

4　設立登記後の現地法人の運営 ──── *179*
(1)　取締役会／179
(2)　株主総会／179
(3)　決　算／180
(4)　年次報告書の提出／180

第3節　株式譲渡手続の流れ ──── *182*

- **1** 株式譲渡手続 *182*
- **2** 増資手続 *183*

第4節　株式譲渡に係る税務の取扱い ―――――― *183*

- **1** キャピタルゲイン非課税 *183*

第7章　上海における統括会社設立の関連規定

第1節　進出・出資の形態 ――――――――――― *186*

- **1** 進出形態 *186*
  - (1) 外商投資企業／186
  - (2) 支　店／186
  - (3) 外国企業常駐代表処（駐在員事務所）／186
  - (4) 総公司・分公司／186
- **2** 資本金 *187*
  - (1) 総投資額／187
  - (2) 最低資本金／188
  - (3) 出資形態／188
- **3** 設立のスケジュール *188*

第2節　統括会社の形態とポイント ――――――― *188*

- **1** 既存もしくは新設の「外商独資企業」および「中外合弁企業」を統括会社とするケース *190*
  - (1) 企業管理公司の設立条件／190
  - (2) 「外商独資企業」か「中外合弁企業」か／190
  - (3) 企業管理公司の特徴／191

2 「投資性公司」を設立するケース　*191*
(1) 投資性公司の設立条件／191
(2) 投資性公司の特徴／192

3 「管理性公司」を設立するケース　*193*
(1) 管理性公司（地域本部）の設立条件／194
(2) 管理性公司（地域本部）の特徴／195

4 統括会社の形態を選択するにあたってのポイント　*195*
(1) 新規投資計画の規模／195
(2) 統括機能／195
(3) 出資および資金調達機能／196

第3節　地域本部の優遇について　*197*

1 地域本部とは　*197*
2 地域本記の認定条件　*197*
3 地域本記の具体的な優遇措置　*198*
4 本部型機構とは　*198*

第4節　持分譲渡について　*199*

1 当局への手続　*200*
2 注意事項　*200*
(1) 資産評価の必要性／200
(2) 登記変更に伴う必要準備資料／201
(3) パスポート原本の提示／201
(4) その他の変更を伴う場合／201
(5) デューデリジェンスの必要性／201

第5節　持分出資について　*202*

1 持分出資が可能な主な条件　*202*
2 持分出資が不可能なケース　*202*

3 持分出資の金額制限 *203*

第6節　持分譲渡および持分出資に係る税務の取扱い
203

1 持分譲渡等の所得の税率 *204*
2 企業再編業務における企業所得税処理について *204*
　(1)　企業再編についての定義／204
　(2)　課税基礎の違いによる税額の差／205
　(3)　特別税務処理の条件／206
　(4)　非貨幣性資産で投資した場合の企業所得税の優遇措置／207

第8章　事例検討

事例1：シンガポールに統括会社を設立した場合の税負担
210

1 香港持分および上海持分の譲渡損益課税 *213*
2 配当金 *214*
　(1)　支払配当金／214
　(2)　受取配当金／214
3 ロイヤルティ *215*
　(1)　支払ロイヤルティ／215
　(2)　受取ロイヤルティ／215
4 利　息 *216*
　(1)　支払利息／216
　(2)　受取利息／217
5 統括業務に関するサービス料 *217*

6 シンガポール統括会社の資金活用 ……………………………… *217*

事例2：香港に統括会社を設立した場合の税負担── *218*
   （シンガポール法人と上海法人を統括するケース）

1 シンガポール持分および上海持分の譲渡損益課税 ……………… *221*
2 配当金 …………………………………………………………… *222*
   (1) 支払配当金／222
   (2) 受取配当金／222
3 ロイヤルティ …………………………………………………… *223*
   (1) 支払ロイヤルティ／223
   (2) 受取ロイヤルティ／223
4 利　息 …………………………………………………………… *224*
   (1) 支払利息／224
   (2) 受取利息／225
5 統括業務に関するサービス料 …………………………………… *225*
6 香港統括会社の資金活用 ………………………………………… *225*

事例3：香港に統括会社を設立した場合の税負担── *227*
   （中国本土法人2社を統括するケース）

1 上海持分および深圳持分の譲渡損益課税 ……………………… *230*
2 配当金 …………………………………………………………… *231*
   (1) 支払配当金／231
   (2) 受取配当金／231
3 ロイヤルティ …………………………………………………… *231*
   (1) 支払ロイヤルティ／231
   (2) 受取ロイヤルティ／232
4 利　息 …………………………………………………………… *232*
   (1) 支払利息／232
   (2) 受取利息／233
5 統括業務に関するサービス料 …………………………………… *233*

6 香港統括会社の資金活用 *234*

事例 4：上海に中国国内統括会社を設立した場合の税負担
235

1 北京持分および深圳持分の譲渡損益課税 *238*
2 配当金 *238*
  (1) 支払配当金／238
  (2) 受取配当金／239
3 ロイヤルティ *239*
  (1) 支払ロイヤルティ／239
  (2) 受取ロイヤルティ／239
4 利　息 *240*
  (1) 支払利息／240
  (2) 受取利息／240
5 統括業務に関するサービス料 *240*
6 上海統括会社の資金活用 *241*

第1章

統括会社を設立する前に検討すべき事項

第1節　海外進出企業の現状と課題

1　直近10年間の海外進出状況の特徴

　直近10年間の海外進出状況の傾向は，①中国への進出案件の増加，②中小企業の進出増加という2点です。図表1-1は，経済産業省による「海外事業活動基本調査（2015年度）」（2016年7月調査）におけるデータから，作成したグラフです。

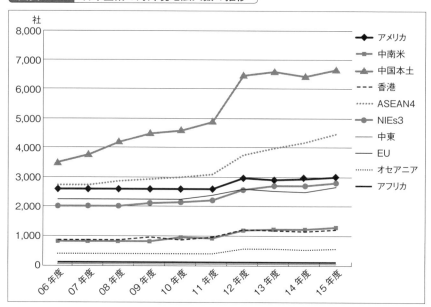

図表1-1　日本企業の海外現地法人数の推移

（注）ASEAN4：マレーシア・タイ・インドネシア・フィリピン
　　　NIEs3：シンガポール・台湾・韓国
（出典）「海外事業活動基本調査（2015年度）」より作成

2006年度時点における海外現地法人の総数16,370社に対する中国本土の現地法人数は，3,520社と全体の21.5％です。これに対して，2015年度時点における海外現地法人の総数25,233社に対する中国本土の現地法人数6,670社は，全体の26.4％を占めています。

また，中国への進出案件の増加数をみると，2006年度の中国本土の現地法人数3,520社から2015年度の6,670社と3,000社以上の増加となっています。中国への進出案件の増加数に次ぐのは，ASEAN4の1,740社，NIEs3の765社であり，他に500社以上増加した地域はありません。

こうした点から，この10年においては，中国への進出案件の増加が顕著だったことが明らかです。

図表1-2は，海外進出している企業の本社資本金規模別の対比グラフです。

中小企業庁では，中小企業者の定義として，資本金規模では製造業3億円以下，卸売業1億円以下と定義していますので，その基準に従って確認します。

製造業における本社資本金3億円以下の割合が，2006年33％→2015年61％へと増加し，非製造業においても，本社資本金1億円以下の割合が，2006年21％→2015年52％へと増加しています。実数では製造業2006年728件→2015年2,482件，非製造業2006年237件→2015年1,397件と着実に増加しています。

このように大企業中心だった海外進出が，中小企業にも浸透していることが読み取れます。

2 中国進出の増加要因と今後

直近10年間で中国進出が大きく増加した背景には次の5つのポイントがあると考えられます。

(1) 豊富な労働力と安価な人件費
(2) 円高および日本のデフレ状態の継続
(3) 沿岸部中心の発展（日本の主要都市から飛行機で2～3時間）

(4) 業種を問わない積極的な外資優遇政策
(5) 日本国内需要の飽和

図表 1-2　海外進出している日本企業の資本金規模別

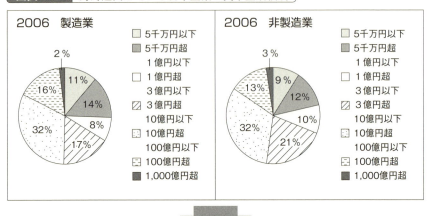

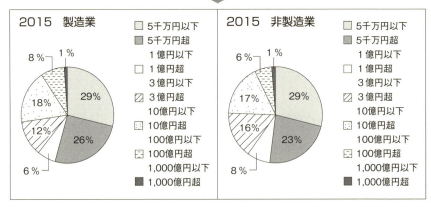

(出典)「海外事業活動基本調査（2006年度）」「海外事業活動基本調査（2015年度）」より作成

　5つのポイントは具体的には，下記のような要因となります。
(1) ⇒約13億という世界最大の人口を背景に，豊富な労働人口を抱えていた

こと。

⇒内陸部から沿岸部への出稼ぎでの就労形態が一般的であり，残業および休日出勤を厭わず働く勤勉性を有していたこと。

(2) ⇒円高および日本のデフレ状態が継続し，日本の国内競争力確保・コストダウン対策として中国生産が位置づけられたこと。

(3) ⇒中国で製造，海外（日本）で販売という商流が多く，日本から飛行機で2～3時間という距離感が，日本の小ロット・多品種という特殊な生産形態に適合したこと。

⇒沿岸部での発展が海外輸出に適していたこと。

(4) ⇒外資獲得を望む中国政府の要望と一致したことにより，主に税務面での優遇政策（税率優遇，一定期間の免税扱い）が積極的にとられたこと。

(5) ⇒日本国内市場の減速感に対して，経済発展に伴う個人所得の増加を背景とした，中国国内市場への期待感が高まったこと。

⇒中国国内市場への参入にあたり，自動車産業に象徴される消費地（中国）での生産が進められたこと。

図表1-3　中国1人当たりGDP（＄表記）

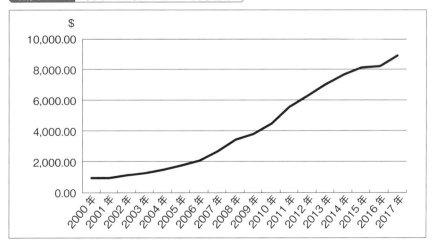

（出典）IMF公表データより作成

これに対して，2017年現在では，中国進出については，3つのポイントがあると考えられます。

---

(1) ブルーカラー人材確保難
(2) 内陸部発展への政策誘導
(3) 特定業種に限定される外資優遇政策

2015年時点の総人口と15〜64歳割合グラフ（図表1-4）から，中国では1973年にスタートした1人っ子政策により，若年層が減少傾向です。生産年齢人口（15〜59歳）とほぼリンクしている15〜64歳の総人口に占める割合が2010年74.5％をピークとし，以降減少しているのが明らかです。

図表1-4　中国人口分布

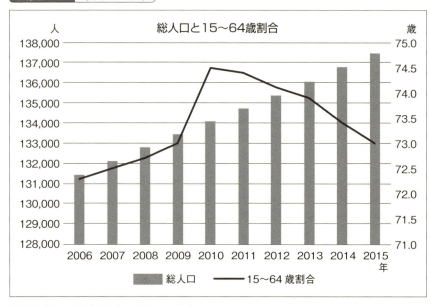

（出典）「中国統計年鑑（2016）」より作成

図表1-5 中国の教育レベル別人口割合

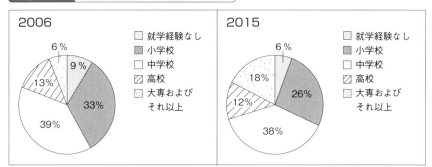

(出典)「中国統計年鑑(2007)」「中国統計年鑑(2016)」より作成

　また，高学歴化も進展しています。教育レベル別人口割合グラフ（図表1-5）から，大専以上の割合が，2006年には6％ですが，2015年には18％と大きく増加しており，今後も増加傾向は続くものと思われます。これに加えて，内陸部の発展により，従来の出稼ぎ人口が減少するとみられ，沿岸部でのブルーカラー人材の確保が難しくなりつつあります。

　その結果，沿岸部では，ブルーカラー人材を中心に，人件費の高騰が予想され，内陸部への政策誘導により，沿岸部での製造業は人材確保，各種優遇政策の廃止により，業績が厳しくなると予想されています。

　中国政府は，中国企業の海外投資を促進する「走出去政策」の一環として，ASEANとの自由貿易協定（ACFTA）を締結し，ASEAN諸国との経済活動の拡大を後押ししています。

　今後，製造業を中心に「チャイナプラスワン」という形でASEAN諸国への進出が増加していくものと考えられます。

3　ASEAN進出のメリット

　製造業ではASEAN進出のメリットについて，次の3点をあげることができます。

> (1) 高い成長が見込める市場
> (2) 立地条件
> (3) AEC, ACFTA, AIFTAといった自由貿易協定の存在

　OECD（経済協力開発機構）の2016年6月発表によれば，ASEAN諸国（タイ・フィリピン・マレーシア・インドネシア・シンガポール・ブルネイ・カンボジア・ラオス・ミャンマー・ベトナム）の2016～2020年の実質GDP成長率は5.2％を維持するとされており，堅調な成長が期待されています。

　ASEAN諸国は，人口13億3,900万人の中国，12億4,150万人のインドという今後の消費市場としての期待がかかる両国の中間に位置し，アクセスに恵まれた立地にあります。この恵まれた立地を活用すべく，アセアン経済共同体（AEC），ASEAN－中国自由貿易協定（ACFTA），ASEAN－インド自由貿易協定（AIFTA）といった関税率の引下げおよび撤廃を行い，ASEAN諸国内，中国およびインドへの取引量の増加が見込まれるといえます。

図表1-6　地理的利便性，関税優遇・撤廃を武器に中国・インドをうかがうASEAN諸国

4 進出企業を取り巻く環境

中国およびASEAN諸国への進出企業を取り巻く環境には，次の3つの特徴があります。

---
(1) 現地の各種制度（法務・税務・労務等）への対応
(2) 高騰する人件費への対応
(3) 商流の変化
---

(1) 現地の各種制度（法務・税務・労務等）への対応

進出企業における現地の各種制度への対応の難しさは，「社内に現地制度に精通した人材がいない」および「制度が頻繁に変更になる」という点です。

中小企業においては，現地へ派遣される駐在員は「営業」「製造管理」といった職種から選定されることが大半であり，各種制度への対応に必要な管理・経営企画系の人材が派遣されることはまれです。各種法務・税務・労務に関わったことのない駐在員が，自らの専門業務の合間に必要最低限の情報収集をして対応している，というのが実情です。

中国およびASEAN諸国では，制度変更が頻繁に起こるため，「過去の常識は現在の非常識」ということが多く，常に最新の情報を得ておく必要があります。

(2) 高騰する人件費への対応

コスト削減に対して関心の高い進出企業にとって，人件費の高騰は深刻な問題です。図表1-7は，2007～2016年における，中国と一部のASEAN諸国の最低賃金推移のグラフで，賃金上昇率の一番低いフィリピンですら，およそ32％賃金が上昇し，上昇率の一番高いベトナムについては，402％上昇しています。

図表1-7　各国の月額最低賃金推移（円換算）

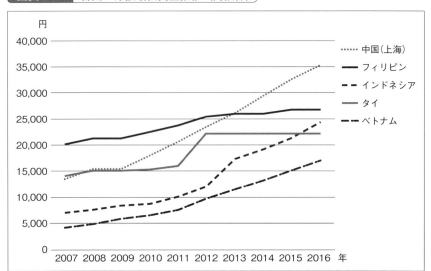

(出典) 各国管轄局発表資料より作成（円換算レートは2017年5月末レート使用）

　最低賃金については，中国は昇給率を抑える傾向にあるものの，インドネシア，ベトナムでは依然上昇していくことが予想されます。結果，低賃金労働者を多数雇用する製造業はもちろんのこと，非製造業においても，賃金の上昇率を考慮にいれた運営体制の確立が求められます。

(3) 商流の変化

　海外進出企業の増加，海外生産の拡大，日本国内生産の減少に伴い，日本企業における中国およびASEANでの商流は大きく変化しています。部品調達についても，中国およびASEANからの調達割合が増加しています。販売先についても，従来は日本向けが大半でしたが，中国およびASEAN向けの割合が増加しています。

　こうした商流の変化に対応するため，会社の機能分担の見直しが必要です。従来は，調達および生産のメインは日本にあり，管理部門も日本にあることが

一般的でしたが，商流の変化に合わせて，調達および物流の管理部門は，海外の現場に移す動きが出てきています。

5　海外進出企業の課題

海外進出企業が抱える課題には次の2つがあります。

> (1) 現地における管理部門の不在
> (2) 原材料，人件費等のコストの増加

(1) 現地における管理部門の不在

　海外生産の拡大，日本本社が絡まない商流の増加に伴い，従来のように日本本社に置いていた管理部門を効率的に運営することが難しくなっています。海外の現場から離れた日本で，情報収集または状況把握を行う場面が増加しています。

　多くの中小企業は，現地法人を，独立した法人ではなく，日本本社の一拠点という位置づけで運営しています。こうした場合，現地法人は，日本本社の生産もしくは営業という特定機能だけになっているケースが大半です。したがって，現地法人の管理機能は設立以来，日本本社が担っており，海外での現場の管理機能がうまく機能せず，現地での効率的な管理は難しい場面が多いといえます。

(2) 原材料，人件費等のコストの増加

　中国およびASEANにおいて最低賃金は上昇しており，ブルーカラーの賃金コスト上昇による生産コスト上昇は避けられない状況です。また，生産コストが上昇した場合，販売価格の引上げは難しい状況です。海外で生産した製品を，日本に輸入する場合，デフレ状況が長く続いている日本では価格競争が厳しく，

販売価格の引上げよりも引下げが求められます。また，海外で生産した製品を，海外で販売する場合でも日系企業はもちろん，海外ローカル企業との価格競争が厳しくなっている現状を考慮すれば，やはり販売価格の引上げは難しい状況といえます。

以上の理由から，労働集約産業においては，より人件費が安いエリアへ製造機能を移転するという動きが考えられます。この場合，運送費，資金決済，部品調達および販売先への利便性など，さまざまな影響を考慮しなければなりません。こういった点について，日本の親会社が詳細を把握することは難しく，現地での入念な情報収集が必須となります。

中国およびASEANにおいては，有能なホワイトカラー人材は不足しており，採用コストは高い状態です。現地において有能な管理部門の人材を集めることができるかどうかが，ポイントになります。複数の海外拠点を展開する企業においては，管理部門を複数有することになり，海外拠点における管理部門のコストの割合が高くなります。このコストをいかに圧縮できるかが大きな課題といえます。

税コストも大きな課題です。従来，中国では，外資系企業に対する税制面での優遇政策がとられており，日系企業もそのメリットを享受してきました。しかしながら，現在は，ハイテク産業等の特定業種に限定されており，将来的にそれも撤廃される見通しです。これに対して，ASEAN諸国は，企業誘致のための税制面での優遇政策が行われていますので，利益を確保する目的ならば，進出国の税コストを含めて，グローバルな視点からグループ全体での検討が必要です。

6 海外進出企業管理の特殊性

海外進出企業の課題の背景には，その管理の特殊性があり，次のようなものがあげられます。

> (1) 現地での情報収集
> (2) 意思決定のスピード
> (3) 現地での権限委譲

(1) 現地での情報収集

　中国およびASEANでは，各種制度が細かく規定されておらず，制度改正が頻繁に行われます。さまざまな情報が錯綜し，聞く人によって，回答が異なるという状況も珍しくありません。

　この場合の対応策としては，各種制度の根本的な考え方を理解し，制度の意図するところ，さらに今後の方向性を正しく理解することが必要となります。また，多くの情報から，正しいものだけをピックアップすることが必要です。

　日本で得られる現地の情報量は少なく，断片的な情報であることが多いといえます。

　こうした点に対して，適切な状況判断ができるように，継続的に現地の各種制度に対して情報収集を行い，適切な状況判断を行う機能が求められます。

(2) 意思決定のスピード

　海外進出企業においては，社および社外で迅速な意思決定を求められる場面が多くあります。例えば，社内では従業員との賃金交渉，社外では各種商談という場面です。

　日本企業においては，別会社であっても，その企業グループにおける一事業部門であるような場合も多く，意思決定については，本社での稟議が求められるケースも珍しくありません。この場合，判断結果の是非以上に，その意思決定のスピードが懸念されます。

　現場での対応スピードが，優秀な人材の獲得・維持，商談の成約の成否を握ることが多い海外において，現地に意思決定をゆだねることは，不可避な状況にあるといえます。

(3) 現地での権限委譲

意思決定のスピードとも関連しますが、どこまでの決定権限を現地に委譲するのか、という点が問題となります。

意思決定にはいくつかのレベルが存在します。例えば、①グループ全体の方向性に関する戦略レベル、②個別企業の個別戦略レベル、③個別企業の運営レベルという3つに大別したとします。この場合、①のレベルであれば、本社との協議が必要になりますが、②および③のレベルについては、現地に意思決定の権限を委譲することで、よりスムーズな企業運営が可能になります。

しかしながら、②および③のレベルについても、本社で管理しているケースが多いのが実情です。意思決定について、どこまで現地に権限委譲するのか、また、権限委譲する場合には人材を配置できるのかどうか、という検討が必要です。

第2節　統括会社

1　統括会社の意義とその役割の変化

統括会社とは、地域単位で海外事業の管理を行い、経営の効率を上げることを目的として設立された会社、もしくはすでにある現地法人に管理機能を付加した会社です。その目的は大別すると次の2点があげられます。

(1) 間接業務の集約をして本社の管理を効率化すること
(2) 地域単位での経営管理を行うこと

1990年代後半から、大企業を中心に海外統括会社が増加した理由の1つは、日本本社に管理機能を置いて、現地法人の間接業務（情報収集、財務・会計、

人事・総務等）を統括することで，グループ全体の経営効率を上げていたことです。

　1985年のプラザ合意による円高の進行に伴い，従来，日本に存在していた製造拠点を海外へ移すという動きがありました。日本本社は調達もしくは販売の窓口であり，全体の流れを管理する役割を求められ，一方で現地では，本社の管理を補完する役割が求められました。各拠点に重複していた間接業務は集約され，管理の効率および経営の効率を上げることが求められました。このように間接業務の集約こそが統括会社に求められていた役割でした。

　しかしながら，海外事業の拡大に伴い，統括会社の役割は変化しています。中国およびASEANの発展に伴い，製造拠点のみならず，調達から販売までを海外にて行う企業が増加しているからです。現在においては，現地事情に即して，地域単位でより効率的な経営を行うことが求められています。その結果，統括会社には，間接業務の集約はもちろんのこと，本社の管理機能を現地に移管し，地域のグループ企業の経営戦略を統括する役割が求められるようになっています。

図表1-8　海外事業に係る本社関与度合いの低下

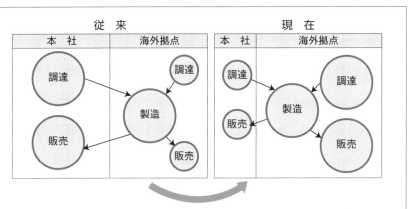

海外事業の拡大に伴い，単なる業務の集約から，管理機能を統括会社に委譲する動きがでてきている。

2 統括会社の機能

統括会社の機能には，次の2つがあります。

(1) 現地法人において重複する間接業務を集約すること
(2) 地域単位における意思決定権を有すること

(1) 現地法人において重複する間接業務を集約すること

2000年代に入り，大企業を中心に複数のグループ法人に重複する間接業務を集約する動き，すなわちシェアードサービスがあります。その特徴は，作業の集中化を図ること，専門性を高めること，間接業務に報酬を設定することで，間接部門の独立採算制を採用することです。

これに対して，海外の統括会社では，本社の管理部門の効率を上げるために，間接業務を集約して独立採算という側面は重視されていないケースがあります。この結果，シェアードサービスの導入によって，コスト削減となるべきところが，必ずしもコスト削減につながらない，または想定どおりのコスト削減につながらない場合もあります。例えば，優秀なホワイトカラーを採用できない場合，または，従来から在籍している人材に，集約業務をさせるということで能力以上の報酬を設定した場合などです。

間接業務の集約には，国ごとの状況を踏まえたルール作りが何よりも重要です。特に海外の場合では，各種法規制，会計制度，税法および労働関連法制等の違いを踏まえたうえで，処理方針およびルールを作成することが重要です。

間接業務については，財務・会計，人事・総務の集約を行うことが一般的ですが，海外の場合には，これらの業務に加えて，法務面での重要性が高いといえます。日系企業については，日本本社のやり方を踏襲する場合，知らない間に法令違反となっていることがあります。また，海外での頻繁な制度改正に対応するためには，国際弁護士等の専門家から情報を収集することが必要です。

このように，法務面での重要性は日本以上に高く，適正かつ効率的に手続等を行うためにも，法務業務の集約は必要です。

(2) 地域単位における意思決定権を有すること

地域単位における意思決定権とは，具体的には経営方針・商流・投資額の決定，人事権等の権限に基づく機能です。他社との競争が厳しくなる状況下では，より効率的な運営を行うためには，地域単位での意思決定が必要です。日本本社からでは，現場との距離があるため，適正かつ迅速な判断を行うことが難しく，統括会社が地域単位での意思決定権限を有することが必要です。

例えば，生産拠点と販売拠点を複数有している場合，グループ間取引が多額になっているときには，商流と代金決済方式の統合が考えられます。各拠点が個別に物流および決済を行う場合，手数料および為替リスクが増加しますが，統括会社を通じた決済システムを導入すれば，手数料および為替リスクは抑制できます。

生産拠点を拡充したり，または新たに立ち上げる場合には，どのエリアに，どの程度の投資を行うかを決定しますが，より現地に近いほうが正確な情報を収集でき，迅速に決定できる点で大きなメリットがあります。意思決定が遅れると，他社に先を越されたり，条件変更等で，予定していたとおりの投資ができないケースもあるからです。

3 統括会社の3つの類型パターン

統括会社の類型パターンは，3つに大別されます。

(1) パターン1：特定の現地法人に統括機能を付加

図表1-9　統括会社　パターン1

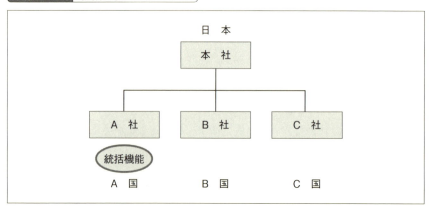

　パターン1は，特定の現地法人に，統括機能を付加する形態です。

　メリットは，単なる機能の付加のみであるため，比較的容易にスタートできます。

　一方，デメリットは，統括機能に出資等の裏付けがないため，統括機能を付加しても，重要な意思決定が下せない点，または，他の現地法人に対する実効性が乏しいという点です。

(2) パターン2：統括機能を付加した現地法人に出資させる

　パターン2は，パターン1の発展形態であり，特定の現地法人に統括機能を付加し，さらに他の現地法人に出資させる形態です。

　メリットは，出資の裏付けに基づき，統括機能に実効性をもたせる点，他の現地法人から配当を受けることで，地域での再投資が容易になるという点です。

　一方，デメリットは，通常，本社が保有している現地法人の出資を移動させる手続が必要になる点，また，その過程で，出資移動に対する課税が発生する可能性がある点です。

図表1-10　統括会社　パターン2

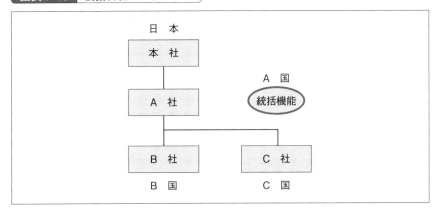

(3) パターン3：統括機能のみを保有する法人を設立

図表1-11　統括会社　パターン3

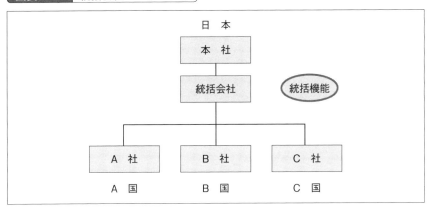

　パターン3は，既存の現地法人に統括機能を付加するのではなく，統括機能だけを保有する法人を設立する形態です。
　メリットは，統括会社に求められる業務を明確にすることから，統括機能が最も発揮されやすい点です。

一方，デメリットは，既存の現地法人の人材を活用することができない点，統括会社の設立および維持コストが発生する点です。こうした点に対して，より明確な統括機能の発揮が必要であり，それに伴う，コスト削減が必要です。

4　統括会社の立地の要件

統括会社の立地の要件には，下記のようなものがあげられます。

---
(1)　地理的な利便性
(2)　インフラの整備
(3)　各種規制の緩和
(4)　優秀なホワイトカラーが豊富であること
(5)　税務コストが高くないこと
---

(1)　地理的な利便性

情報収集面，物流面，および物流管理面で，現場により近いという点で，地理的な利便性は，統括会社にとっては重要な点です。

(2)　インフラの整備

ITインフラの整備は，拠点間をつないだネット会議に必要です。光・ADSLなどの高速インターネット回線も必要なインフラです。

(3)　各種規制の緩和

刻々と変わる企業環境に対しては，迅速な対応が必要となります。そのため，管轄行政機関への許認可が緩和されていると，手続がスムーズに行えます。

(4)　優秀なホワイトカラーが豊富であること

アジア地域において，優秀なホワイトカラーの確保は難しい場合が多く，転

職も一般的であり，その確保は大きな課題です。

(5) 税務コストが高くないこと

統括会社が統括機能を有する場合，各拠点から管理機能に対する対価を収受し，その一環として，物流の要(かなめ)として機能することがあります。地域単位での経営を考えた場合には，グループの利益を統括会社に集約させることもあります。

こうした点から，統括会社では利益を確保しやすい状況であり，法人税率が高い場合には，税務コストが高くなります。

この税務コストを抑えることが，統括会社のコスト抑制となります。

5 統括会社に関わる税務

統括会社の設立および運営に関して，留意すべき税制は下記のとおりとなります。

---

(1) 受取配当に対する課税
(2) キャピタルゲインに対する課税
(3) 過少資本税制
(4) 租税条約

---

(1) 受取配当に対する課税

受取配当に対する課税は，①配当を支払う会社の所在地国における課税と②配当を受け取る会社の所在地国における課税の2種類があります。

統括会社が他の現地法人に出資をしている場合，配当を受け，再投資を行うことがあります。図表1-12の場合には，❶A国における課税と❷B国における課税によって，配当の税引後手取額が変わります。❶のA国における課税に

図表1-12　配当時の課税モデル

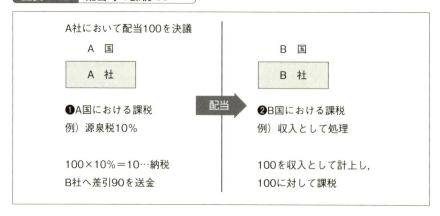

ついては、A国の税法とAB国間の租税条約を検討します。一方、❷のB国における課税については、一定の条件を満たす法人からの配当については、税の軽減等の優遇措置が設けられています。

(2) キャピタルゲインに対する課税

　キャピタルゲインとは、債券・株式等の資産の価格上昇によって生じる利益を指します。経営環境の変化に伴い、現地法人を譲渡する場合、①現地法人の所在地国における課税と②現地法人に出資する法人の所在地国における課税の2種類があります。①の課税については、受取配当と同様に譲渡する現地法人の所在地国の税法および二国間の租税条約に影響されます。一方、②の課税については、シンガポール・香港のように、キャピタルゲインを非課税としている国もあります。

　ただし、キャピタルゲインを非課税としている国においても、譲渡に伴い生じた利益に対して、課税することもあるため留意が必要です。例えば、当初から転売目的で保有している場合には、課税対象です。また、保有期間が短い場合には、転売目的とみなされることが多いので要注意です。

(3) 過少資本税制

現地法人に資金を投入する場合には，資本金の場合と借入金の場合とがあります。資本金の出資では将来配当により，また，借入金では元金および利息により，資金を回収します。配当は損金算入できませんが，支払利息は損金算入できますので，過度な支払利息の計上を抑制する場合には，過少資本税制が適用されます。

過少資本税制は，規定がある場合とない場合があります。また，支払利息の損金算入の計算方法も国によって異なります。

資本金による出資の場合，現地法人で利益が出て配当ができるまで時間がかかりますが，借入金であれば，随時返済は可能です。資本金と借入金とを比較した場合，資金の自由度を優先すれば，借入金が有利となります。

(4) 租税条約

租税条約とは，二国間で，二重課税の排除，脱税の防止等の目的をもって締結される税務上の取決めです。

投資促進等の目的で，それぞれの国における原則的な取扱いよりも，優遇的な取扱いが規定されている場合があります。

中国およびASEANでの海外事業の拡大に伴い，日本と現地法人の所在国の租税条約は，把握しておくべきです。統括会社の設立にあたっては，租税条約が整備されている国に設立することが税務面では望ましいといえます。

6 日本本社の外国子会社合算税制

日本本社の外国子会社合算税制とは，一定の条件を満たす外国子会社の所得を日本本社の課税所得に合算して申告する制度です。これは，所得を形式上，現地法人に移転することにより，日本での課税を免れようとする行為を規制するものです。

より効率的な運営を目的として海外に統括会社を設立し，現地法人に対して

適正な管理を行い，その結果，統括会社に生じた所得に対してまで，日本で課税することを意図したものではありません。

実態を伴っている統括会社では，形式的な統括会社の設立とは違うため，この税制は適用されません。具体的には，本社が統括会社に対して，適正な管理業務を行う機能を与えることから始まり，さらに管理機能に基づき，現地法人の管理を実際に遂行する場合です。

外国子会社合算税制については，第4章にて詳細に解説します。

第 2 章

統括会社をどこに設立すべきか？

第*1*節 設立候補地となるアジア諸国の概要

　本章では，統括会社を設立するにあたり，候補となるアジア諸国の概要を紹介します。その候補として，(1)現時点で最も日系企業の進出が多い中国，(2)中国に隣接し，中国華南地域の物流・ファイナンシャルセンターとして香港，(3)ASEAN地域の物流・ファイナンシャルセンターとしてシンガポール，(4)ASEAN地域の製造拠点としてタイ，(5)ASEAN地域の販売拠点としてインドネシア，の5つを取り上げます。

1 中　国

(1) 概　要

　中国の最大の特徴は約13億人という世界第1位の人口を有していることです。漢民族のほか，55の少数民族の存在，約960万km²という広大な国土，4直轄市・22省・5自治区に分かれ，1つの国というよりも，一大中華圏という捉え方もあります。

　中国の経済発展の端緒は，1978年の改革開放路線の採択であり，その後，1997年のアジア通貨危機による停滞，2001年12月のWTO加盟によるさらなる発展を経て，2010年には名目GDPで世界第2位となるまで発展しました。

　この経済発展に伴い，まさに今後，「世界の工場から世界の市場へ」という安定成長が求められています。しかし，1979年から導入された1人っ子政策に伴ういびつな人口構造と今後見込まれる高齢化社会の到来，社会保障制度の未整備，富裕層と貧困層の格差等，解決すべき課題も多いのも現実です。

(2) 地理

ユーラシア大陸の東部に位置し，太平洋に面した東部海岸線以外は他国と面しています。東は朝鮮民主主義人民共和国，北東はロシア，西はインド，ネパール等，南はベトナム，ミャンマー等，実にその数は16か国と広大な面積を物語っています。

中国の国土は，南北（華北地域，華東地域，華南地域）もしくは東西（沿海部，内陸部）に分けられます。華北地域は北京・天津を中心とした政治・経済拠点，華東地域は上海を中心とした商業拠点，華南地域は深圳・広州を中心とした工業拠点といった特色があります。

一方，今までの中国の経済発展は，北京・天津・大連・上海・深圳・広州といった沿海部の都市に集中しています。結果として，内陸部の発展が遅れており，政策的に内陸部の発展を促すため，今後は，武漢・重慶・成都等の内陸部の都市の発展が見込まれています。

(3) インフラ

中国においては，リーマンショック後に，景気浮揚対策として「4兆元投資」を打ち出し，そのうち1.5兆元が道路・鉄道・電気等のインフラ整備に充てられたこともあり，近年急速に整備されています。

高速鉄道の営業距離は2016年末時点で22,000kmを超え，世界最長となり，高速道路の総延長は2015年末時点で約11万7,000kmとなり，世界第2位の規模となっています。

中国においては，北京・上海・深圳といった都市部を除き，工業エリアにおいて，夏場の電力需要時期に停電が頻発していました。その要因としては，送電網の未整備，発電量の7割を占める石炭火力発電における石炭価格の上昇，発電力の2割を占める水力発電における干ばつの影響といった要因があり，近年は原子力・風力などの他の電源整備を進めていますが，電力の安定供給における課題は依然残っています。

(4) 税　務

　国税と地方税を合わせ18の税目から構成されています。主要税目としては，増値税，消費税，営業税，企業所得税，個人所得税があげられます。これらは，流通税である増値税・消費税・営業税と，所得税である企業所得税・個人所得税に大別されます。

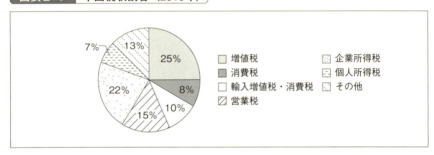

図表2-1　中国税収割合（2015年）

（出典）「中国統計年鑑（2016）」より

　中国の税収の特徴としては，図表2-1のとおり，流通税が税収の過半を占めることが特徴的といえます。

2　香　港

(1) 概　要

　1842年の南京条約締結に伴い，イギリスに譲渡され，植民地となり，1997年にイギリスから中国に返還されるという歴史から，中国の一部でありながらも，特別行政区として，「一国二制度」と呼ばれる中国本土とは異なった香港独自の法制度のもと，運営されています。

　交通の要衝であり，イギリス統治時代に中継貿易として機能しました。中国華南地域の製造業の規模拡大に伴い，流通・金融センターとして発展してきました。

近年では，一国二制度のもと，香港の独自性は維持されつつも，香港の金融機関に限り，深圳の経済特区内企業への人民元融資を認めることや，広州－深圳－香港を結ぶ高速鉄道の全線開通が予定されるなど，中国との結びつきは強まりつつあります。

(2) 地 理

中国華南地域の深圳に接しており，日本・中国・ASEAN地域の中心に位置します。政治・経済の中心である香港島，香港国際空港に隣接するランタオ島，中国大陸の一部である九龍半島・新界，東シナ海の島々から，構成されています。平地が少なく，限られたエリアに高層ビルと人が密集しています。

また，中国華南地域に隣接しているという地理的利便性を活かし，中国の華南地域に進出する企業が，管理機能を香港に置くという形での企業進出が多いのも特徴的です。

(3) インフラ

アジアエリアの流通・金融センターとして，古くから発展しており，近代的な都市水準を備えています。また，イギリス統治に伴う，豊富な英語人口と高い教育水準も備えています。

(4) 税 務

8の税目から構成されています。うち，所得税は，事業所得税，給与所得税，資産所得税の3種類となります。

図表2-2の香港の税収割合から，香港の特徴がうかがえます。事業所得税が税収の半分を占めていますが，その税率は16.5％と，日本・中国に比して低い税率で設定されています。この他，簡素な税制，企業活動がしやすい法制度を備え，企業誘致し，その結果，税収確保を図るというスタンスが明確になっているといえます。

図表2-2　香港税収割合（2015年）

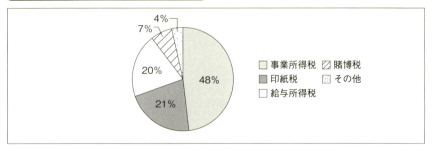

(出典) 香港特別行政区税務局 「2015－16年報」より作成

3　シンガポール

(1)　概　要

　世界銀行が発表するビジネス環境ランキングで10年連続首位になるなど，国際的にビジネス都市として高く評価されています。とりわけ，評価項目のうち，「ビジネスの立ち上げ」，「建設・建築許可」，「電力事情」，「少数株主保護」，「租税」，「契約執行」の6項目で10位以内となるなど，ビジネスをしやすい環境を整え，企業誘致を図るスタンスが明確になっています。

　国土も狭く，資源もないシンガポールは，事実上の一党独裁体制のもと，環境変化に対応すべく明確な方針を打ち出してきたことが経済発展の要因といえます。1965年にマレーシアから独立し，それまでの中継貿易・商業の中心という位置づけから，1980年代以降は外資誘致政策のもと，製造業を発展させます。その後は，前述のとおり，ビジネスをしやすい環境を整え，高付加価値産業誘致を図り，現在の金融・物流センターとしての位置づけを確立させたといえます。

(2)　地　理

　アジア大陸最南端のマレー半島とジョホール海峡を挟んだエリアに位置し，

シンガポール島をはじめ，63の島から構成されています。しかし，小さな島が多く，人が住める場所が限定されているため，世界第２位の人口密度となっています。

(3) インフラ

インフラについても，ビジネス環境を整えるという目的のもと，整備されています。その象徴ともいえるのが，チャンギ空港，シンガポール港，英語人材の豊富さといえます。

チャンギ空港は，４つのターミナルを備え，100を超えるエアラインが就航し，80か国380都市を結び，2016年の旅客数は，5,870万人となるなど，東南アジア最大のハブ空港といえます。

シンガポール港は，６つのターミナルを備え，世界の600の港を結び，2016年のコンテナ取扱量3,090万TEU（注）となり，上海港と世界第１位を争っています。

シンガポールは，マレー語，英語，中国語，タミール語と４種類の公用語がありますが，母国語と英語の習熟が国の教育方針となっているため，英語人材が豊富です。

（注）TEU（twenty-foot equivalent units：20フィートコンテナ単位換算）

図表2-3　シンガポール税収割合（2015年）

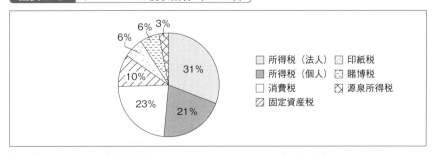

（出典）シンガポール税務局「IRAS Annual Report 2015/16」より作成

(4) 税　務

9の税目から構成されています。主なものは，所得税（法人と個人が区分されていない），消費税，固定資産税等となります。

法人に対する所得税の税率17％（しかも，部分税額免税制度あり），個人に対する所得税の税率2〜20％の累進課税（居住者）と，香港同様，税率を低く設定し，税負担が抑えられています。これも，ビジネス環境を整えるという政策的配慮といえます。

4　タ　イ

(1) 概　要

ASEAN諸国で唯一植民地となることなく，独立を維持し，現在まで国王のもと立憲君主制を維持しています。また，国民の9割以上が仏教徒であること，米食文化であることなど，日本との共通項が多いのも特徴的です。

工業化による経済発展を目指し，北部エリアでは，電機・電子産業，東部エリアで自動車産業といった製造業の産業集積が進んでいます。2011年の洪水被害の影響が懸念されましたが，2012年には自動車生産台数が初めて200万台を突破し，以降同じ水準を維持しています。

現在，人材不足および人件費の上昇が最大の課題となりつつあります。失業率は1％を割り込み，ほぼ完全雇用状態となり，最低賃金は2012年4月と2013年1月に分けて引き上げられ，全国一律で300バーツとなっています。労働集約型産業から資本集約型産業への移行時期に入ってきたといえます。

(2) 地　理

インドシナ半島の中央部に位置し，ミャンマー・ラオス・カンボジア・マレーシアの4か国と面しています。この立地条件から，マレーシアを除く3か国から，労働者の流入が起きています。

山岳地である北部エリア，政治・経済の中心である中部エリア，リゾートと

産業集積地である東部エリア，に外資系企業の進出は集中しています。東北部および南部は，バンコクへのアクセスに難があるため，敬遠されがちです。

(3) インフラ

　製造業の誘致を行うため，バンコクを中心にインフラの整備を進めてきたため，ASEAN諸国の中では進んでいるといえます。空港・高速道路・鉄道等の交通インフラの整備が進んでいます。1991年に開港されたレムチャバン港，2006年に開港されたスワンナプーム国際空港はその象徴といえるでしょう。バンコクからおよそ3時間程度で，大半の工業団地へアクセスできる利便性が，タイの魅力といえます。

(4) 税　務

　国税と地方税を合わせて13の税目から構成されています。主なものは，個人所得税，法人税，消費税となります。

図表2-4　タイ税収割合（2016年）

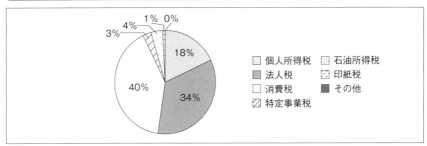

（出典）タイ歳入局　税収データより作成

　流通税である消費税が約4割を占めることが特徴的です。また，法人税率は30%⇒23%（2012年）⇒20%（2013年より現在）と大きく引き下げられ，企業誘致につなげ，結果税収確保につなげる意図もうかがえます。

5 インドネシア

(1) 概　要

　世界第4位である約2億6,000万の人口を抱え，ASEAN本部が首都ジャカルタに設置されるなど，ASEAN諸国の中の大国といえます。また，多様性もインドネシアの特徴です。ジャワ人はじめ，およそ300の民族がいるといわれる多民族国家です。宗教も，イスラム教が約9割を占めますが，キリスト教・ヒンズー教・仏教も信仰されています。

　インドネシアの経済発展は，1968年に就任したスハルト政権からスタートしました。1997年のアジア通貨危機にてダメージを受け，スハルト政権が退陣するも，その後，回復し安定した経済成長を遂げています。

　また，中国・ASEAN諸国の多くは，輸出産業中心の経済であり，世界の景気動向の影響を受けやすいのに対して，インドネシアは，国内需要中心の経済であるため，比較的世界の景気動向の影響が抑えられる形となっています。

(2) 地　理

　スマトラ島，ジャワ島，カリマンタン島，スラウェシ島，ニューギニア島および1万8,000を超える島々から構成され，国土は，東西5,110kmとなり，国土面積約189万km²で，日本の5倍程の大きさとなります。

　このうち，人口の半分は首都ジャカルタのあるジャワ島に集中しており，日系企業の進出もジャカルタおよびジャカルタ近郊に集中しています。また，天然資源が豊富であり，なかでも天然ガスについては，日本の重要な供給源となっています。

(3) インフラ

　インドネシアの課題の1つにインフラの未整備があげられます。道路網の整備も進まず，自動車台数の増加に伴う渋滞解消のめどは立っていません。雨季

には，しばしばジャカルタでも冠水被害が発生しますが，これも排水機能の未整備という見方もあります。また，停電も頻発するため，自家発電設備等の自衛策は不可欠となっています。

(4) 税　務

所得税と付加価値税とその他の3種類に大別され，主な税金は，法人税，個人所得税，付加価値税となります。このうち，付加価値税の税率は10％に設定され，税収全体に占める割合が約3割となっています。法人税は25％，個人所得税は5～30％までの累進課税となっています。

図表2-5　インドネシア税収割合（2014年）

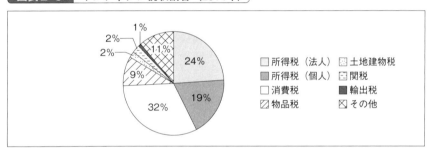

（出典）OECD統計データより作成

第2節　5地域を比較した場合の優位性

第1章第2節❹において，統括会社に求められる立地の要件として，「地理的利便性」「インフラ」「税務」をあげました。この観点から，本章第1節で候補とした5地域を比較します。

1　地理的利便性

(1)　中　国

　中国国内に統括会社を設ける場合，大きなメリットがあります。中国の現地法人に対して，中国国外から貸付をする場合，外貨管理規制の影響を受けるからです。中国国内の統括会社からの貸付であれば，外貨管理規制を受けることはありません。また，各種規制の運用状況においても，中国国内でしかわからないことも多数あります。したがって，中国国内に複数の現地法人があるような場合，中国国内に統括会社を設立するメリットがあります。

(2)　香　港

　香港は，中国華南地域との距離が近いというメリットがあります。香港に管理機能を持ち，華南地域で製造機能を有している企業はたくさんあります。今後，中国では人件費の高騰に伴い，徐々に製造拠点のメリットは薄れていきますが，華南地域では産業集積が進んでいることから，一定の製造機能は依然残ると考えられます。こうした点から，香港に統括会社を設立するメリットはあります。

(3)　シンガポール

　シンガポールは，飛行機であれば，約3時間でASEANの主要都市へアクセスすることが可能なため，ASEAN全体に対する距離感が近いというメリットがあります。ASEAN内で複数の拠点展開をしている場合，統括会社が各拠点を管理する際に，アクセスのよさは大きなメリットです。

(4)　タ　イ

　タイでは労働集約型製造業が人件費の高騰から転換期を迎えています。2015年のASEAN経済統合に伴い，製造機能そのものはタイ周辺国へ広がりつつあ

ります。したがって，統括会社が製造管理機能を重視し，タイを中心に生産機能の移管を考える場合のメリットがあります。タイは，製造拠点として開拓が進むと予想される，ラオス・カンボジア・ミャンマーとのアクセスがよく，この３か国にはタイ語が理解できる人も多く，今でも労働人材の行き来はあります。

(5) インドネシア

ASEAN全体を販売エリアとして捉え，統括会社の販売管理機能を重視する場合，インドネシアに設立するメリットがあります。今後インドネシアでは，所得水準が高まり，販売拠点としての位置づけが強まると考えられます。

2 インフラ

(1) 中 国

沿岸部の都市を中心に，鉄道・高速道路・空港といった交通インフラの整備が急速に進んでいます。2015年の大専以上の学歴保有割合が約２割となるなど，高級学歴を有する人材インフラも整いつつあります。

(2) 香 港

都市としてのインフラは整っています。もともと広東語と英語が公用語であることにより，英語人材が豊富なことも大きなメリットといえます。

(3) シンガポール

こちらも香港と同様です。都市としてのインフラは整っています。英語が公用語であることにより，英語人材が豊富なことも大きなメリットです。

(4) タ イ

バンコクを中心に，交通インフラの整備が進んでいます。人材インフラにつ

いては，大学整備が進められています。しかしながら，技術者の育成といった目的が先に立ち，いわゆる管理系人材の育成は今後の課題となっている側面もあります。

(5) インドネシア

他の都市に比較すると，インフラの整備面については，これからといった状況です。道路網の整備，頻繁に発生する冠水対策といった公共インフラの整備も求められている状況です。一方，人材インフラについては，大学進学率は31％となり，大学も整備され，高級学歴を有する人材インフラが整いつつあります。

3 税　務

税務については，図表2-6にまとめました。

項目は，第1章第2節で説明した，統括会社の運営に際し，留意すべき税制を中心にピックアップしました。統括会社の税コストを検討する際に影響する項目です。

統括会社の運営に伴い発生する「法人税」「個人所得税」，事業再編の場合に発生する「キャピタルゲイン課税」，国外関連会社からの配当受領に伴い発生する「配当課税」，新規投資の際に考慮すべき「過少資本税制」となります。

法人税率は，香港の16.5％が最も低く，シンガポールの17％，タイの20％，中国およびインドネシアの25％という順になります。

個人所得税率についても，香港が最も低く，シンガポールが続きます。インドネシア，タイ，中国という順になります。なお，個人所得税については，住宅家賃等の現物給与が課税所得に加算されるかどうかも実際の税負担に影響を与えることに留意が必要です。

キャピタルゲインに対する課税は香港・シンガポールのみ非課税となります。

国外関連者からの配当については，香港は課税対象外，シンガポール・タイ

図表2-6　5地域の税務取扱い比較

	法人税率	個人所得税率	キャピタルゲイン課税	国外関連者からの配当	過少資本税制
中　国	25%	3～45%	課税	課税	あり
香　港	16.5%	1）標準税率15% 2）累進課税2～17%	非課税	課税対象外	なし
シンガポール	17%	2～22%	非課税	一定の要件を満たす場合，非課税※1	なし
タ　イ	20%	5～35%	課税	一定の要件を満たす場合，非課税※2	なし
インドネシア	25%	5～30%	課税	課税	あり

※1　詳細の要件については，第3章にて説明します。
※2　下記の3つの条件をすべて満たせば，非課税となります。
　　ⅰ）当該源泉国の表面税率が15%以上である。
　　ⅱ）配当受領前6か月に渡り保有している。
　　ⅲ）議決権を25%以上保有している。

は一定の要件を満たす場合に非課税，中国およびインドネシアは課税となります。

過少資本税制については，中国・インドネシアのみ設けられています。

4　優位性を考慮した場合の統括会社の設立地域

5地域の(1)地理的利便性，(2)インフラ，(3)税務を比較して，統括会社の設立を考えた場合，香港およびシンガポールの優位性は明らかです。

香港の優位性の理由は，中国とASEAN諸国の間に位置する立地，整備されたインフラ，企業誘致の観点から，企業および個人の税負担が軽減されている点です。

シンガポールについては，ASEANの中心に位置する立地，整備されたインフラ，税負担についても軽減されている点です。

この2か国に続くのが，タイ，中国およびインドネシアです。インドネシアについては，人口の多さから，市場としては非常に有望ですが，インフラの整備は遅れており，税負担も，軽減されているとは言い難い状況です。

タイについては，国際地域統括本部（IHQ）と認定されれば，法人税率が0％あるいは10％になる可能性もあるなど，税負担も軽減され，統括会社の誘致に向けて積極的な対応を取っています。またASEANの中心に位置する立地，整備されたインフラは魅力的です。また従前のROHに求められていた3か国以上の統括拠点というハードルが1か国以上の統括拠点に変更され，IHQの認定条件のハードルは下がっています。しかしシンガポールおよび香港と比較した場合，外貨規制金融制度での差があるのは明白です。

中国については，政府が統括会社の誘致に向けた優遇策を打ち出しています。また中国の厳格な外貨管理政策により，中国国外関連会社からの融資について制限があるため，中国国内に統括会社を置くことは，スムーズな事業展開につながります。

中国の場合，複数の中国現地法人の管理を検討する必要もあります。例えば，省をまたいで新たに拠点を作って展開する場合に支店としての設置許可が下りない，または，従来とは異なる新規事業を行う場合には，経営範囲の拡大が認められないことがあります。その結果，1つの企業グループが複数の中国現地法人を有していることが多いといえます。

統括会社を北京と上海で比較した場合，北京は政府へのロビー活動が必要な大手企業に選択される場合があり，上海は多くの企業に選択されます。それは江蘇省・浙江（セッコウ）省のような製造業が多く進出しているエリアと近く，上海港の存在と経済の中心である理由からです。

本書では，次章から，シンガポール，香港および中国（上海）において，統括会社を設立した場合の取扱いについて，取り上げていきます。

第3章

3地域（シンガポール・香港・上海）の会計・税務

第 *1* 節　シンガポールの会計・税務

1 会計制度

　シンガポールの会計制度は会社法（Companies Act）に規定されており，下記の特徴的な点があります。
(1) 原則としてすべての会社や外国会社の支店は年に1回決算を行い，外部監査人の監査を受けなければなりません。
(2) 財務諸表の登記・閲覧制度があり，会社や外国会社の支店は決算終了後の一定期間内に監査済み財務諸表を会計・企業監督庁（Accounting and Corporate Regulatory Authority, ACRA）に提出する義務があります。ACRAは，会社法，事業登記法，会計基準および公認会計士法等の監督官庁で，登記情報の受付，公開を行い，その監督を主業務とする行政機関です。登記はインターネットを通じて行われ，その情報はインターネットを通じて誰でも入手することができます。
(3) すべての会社は，経理およびその他の記録に関係する取引または運用の完了後，証憑を5か年の間，保管しなければなりません。

2 会計基準

　シンガポールにおける会計基準は，シンガポール財務報告基準（Singapore Financial Reporting Standards, SFRSs）と呼ばれており，国際財務報告基準（International Financial Reporting Standards, IFRSs）および国際会計基準（International Accounting Standards, IASs）をほぼそのまま導入したものとなっています。また，その解釈指針としてINT FRSs（Interpretation of

FRSs) があります。したがって，シンガポールと日本の会計基準の差異は，ほぼそのままIFRSsとの差異となります。

一定の要件を満たす企業は，中小企業用の財務報告基準（SFRS for Small Entities, SMRS for SEs）を採用することができ，SFRSsと比較すると，一部，開示内容や判断基準面で簡略化されています。なお，採用は任意で，SFRSsを採用し続けることも認められています。

3 財務諸表

財務諸表には下記のものがあり，いずれも会計監査人による会計監査が必要です。

---

(1) 財政状態計算書
(2) 包括利益計算書
(3) 株主持分変動計算書
(4) キャッシュ・フロー計算書
(5) 注記事項

---

4 会計監査

会社法にて，原則としてすべての法人は，設立後3か月以内に会計監査人を任命し，監査を受けることが義務づけられています。ただし，休眠中の会社，または，特定の要件を満たす会社[注1]は，監査の免除を受けることができます。会計監査人はシンガポール公認会計士である必要があり，法人が作成した財務諸表が会社法および会計基準に準拠して作成されているか否かについて監査報告書で意見が表明されます。外国会社のシンガポール支店は，シンガポール支店の年次報告をACRAへ届け出る際，財務諸表が監査済みであることが義

務づけられています。

(注1) 従来の会社法では，年間売上高がS\$500万以下である除外私的非公開会社（第5章第2節**1**(1)① ii 参照)。

会社法改定により，2015年7月1日以降に開始される事業年度より，小規模会社（small Company）(注2)

(注2) ある事業年度の直近2事業年度(注3)にそれぞれ次の3つの条件のうち，2つ以上満した私的非公開会社（第5章第2節**1**(1)① i 参照)は，小規模会社となります。小規模会社となった事業年度以降，ある事業年度の直近2事業年度にそれぞれ次の3つの条件のうち，2つを満たさなくなった場合またはある事業年度に私的非公開会社でなくなった場合は，小規模会社ではなくなります。
  (1) 年間売上高 S\$1,000万以下
  (2) 総資産 S\$1,000万以下
  (3) 従業員数50名以下

ただし，当該私的非公開会社がシンガポール財務報告基準上の親会社または子会社を有する場合，親会社および子会社含む当該グループで上記3つの条件を判断。

(注3) 経過措置として，2015年7月1日以降に開始される事業年度より最初の2事業年度の間に，上記3つの条件のうち，2つ以上満たした私的非公開会社は，当該事業年度より小規模会社となる。

5　税制の概要

(1) 慣習法に依存した法律体系

法律上，詳細な規定はなく，すべての可能性について条文化されているわけではないため，実際の運用における慣習，判例の占める割合は大きくなります。

(2) 低税率

法人税率は17％であり，他のアジア諸国の中でも低税率となっています。

(3) 住民税，事業税

日本の住民税，事業税に相当する地方税はありません。

(4) 賦課課税制度

　日本の申告納税制度とは異なり，納税者が提出した申告書，税額計算書および決算書等に基づき，税務当局が査定し必要に応じて税務調査を行ったうえで税額を賦課決定する賦課課税制度が採用されているため，税額の確定までに数年を要することもあります。

　賦課年度（Year of Assessment）は，原則として，直前年の暦年基準となりますが，法人の場合は，賦課年度の直前年に終了した事業年度を基準とします。

(5) キャピタルゲイン非課税

　所得税法上，キャピタルゲインの明確な定義がないため，ある取引から発生した所得が課税対象であるか否かは，取得・処分目的，取引頻度，動機，保有期間および購入の際のファイナンス形態等から判断され，資本的取引から発生した所得は，キャピタルゲインとして税務上益金に算入されません。同様に，資本的取引から発生した損失であるキャピタルロスは税務上損金算入が認められません。

(6) 種々の優遇税制

　企業誘致についてさまざまな優遇措置を設けています。所得税法（Income Tax Act）および経済拡大奨励法（Economic Expansion Incentives Act）に規定されています。その多くは関係当局の認可が必要となっています。

(7) 税務調査

　税務当局による立入調査権（Investigation）が認められていますが，日本のように定期的な実地調査が行われるというわけではなく，申告書に疑義がある場合，まずは書面による質問状が送付され，Tax Agentである会計事務所が税務当局とやりとりし，疑問点を解決することが一般的です。

6 税金の種類

シンガポールの税金の種類は下記のとおりです。

---

(1) 法人税
(2) 個人所得税
(3) 消費税（GST）
(4) 固定資産税
(5) 印紙税
(6) 輸入税（関税，物品税）
(7) 技能開発税
(8) 外国人労働者税
(9) 自動車関連税（登録税，追加登録税，道路税，通行税）
(10) カジノ税
(11) 私設賭博税
(12) 賭博税

---

7 法人税

(1) 納税義務者

　納税義務者は居住法人と非居住法人に区分され，その判定には「管理支配地基準」が採用されており，その法人の全社的な経営意思決定がシンガポールでなされるか否かという観点から判定されます。一般的に，外国会社のシンガポール支店は，海外の本社において事業の経営と管理がなされているとして，非居住法人とみなされます。非居住法人は，居住法人と比較すると下記の不利な点があります。

① 租税条約の恩典を享受できません。
② 外国税額控除を行うことはできません。
③ 新規設立会社の免除制度の恩恵を享受できません。
④ 原則としてシンガポールで受領された（シンガポールに送金されたまたは送金されたとみなされる場合）国外源泉所得がすべて課税対象となります。

(2) 課税年度

原則として1月1日～12月31日の暦年基準が採用されていますが，法人の場合は，所得の申告は事業年度ベースとなります。

(3) 課税対象所得

原則として国内源泉所得のみが課税対象となりますが，シンガポールで受領された国外源泉所得は課税対象となります。ただし，シンガポールで受領された国外源泉所得であっても，特定の要件(注)を満たすものについては課税対象とはなりません。

(注) 2003年6月1日以降にシンガポール居住法人によって，シンガポールで受領された，シンガポール国外源泉所得のうち，配当金，支店の事業所得，役務所得に関しては，下記3つの要件をすべて満たせば，非課税となります。なお，「課税扱い＋外国税額控除」を選択することも可能です。
  Ⅰ) 当該国外源泉所得をシンガポールで受領した時点で，当該源泉国の表面税率が15％以上である。
  Ⅱ) 当該源泉国で，当該源泉所得は課税対象である。
  Ⅲ) シンガポールの税務長官が，当該シンガポール居住者に有益であると認める。

(4) 税率と税額の計算

法人税率は17％です。特別優遇措置が与えられている企業を除き，課税法人所得（税法基準で計算した課税される利益額）に対し3段階税額計算方式にて課税されます。課税法人所得額のうち，最初のS＄10,000まではその4分の1

の額，次のS＄300,000まではその2分の1の額，そして，S＄300,000を超えた所得額に17％の税率で課せられます。

新規に設立された除外私的非公開会社および，対象年度を通して，最低10％を保有する個人株主が1人いる新設会社（適格新規設立会社）に対しては，設立より最初の3賦課年度の間は，課税所得のうち最初のS＄100,000までは免税され，次のS＄300,000まではその2分の1の額，そして，S＄300,000を超えた所得額に17％の税率で課せられます。ただし，主たる事業が不動産開発または純粋持株会社の場合は，適格新規設立会社には該当しません。

図表3-1　法人税率表

課税所得	税率
S＄10,000以下	17％×0.25
S＄10,000超～S＄300,000以下	17％×0.5
S＄300,000超	17％

図表3-2　適格新規設立会社の税率表

課税所得	税率
S＄100,000以下	免税
S＄100,000超～S＄300,000以下	17％×0.5
S＄300,000超	17％

一方，非居住者への支払に対しては，源泉徴収が要求され，支払日の翌々月15日に税務当局へ申告および納付しなければなりません。

主な項目は図表3-3のとおりです。

図表3-3　非居住者に対する支払と源泉徴収率

利子	15％

ロイヤルティ（使用料）	10%
マネジメントフィー	17%
賃貸料，その他動産使用料	15%
不動産業者への不動産売却代金	15%

(5) 課税所得の種類

法人税および個人所得税とも「所得税法」に規定があり，「所得税法」では下記の6種類の所得を課税対象としています。下記の①～⑥の所得のうち法人に係る所得を合算したものが法人の課税所得となります。

① 事業所得
② 雇用から生じる所得
③ 配当，利子または割引料
④ 恩給，援護金または年金
⑤ 財産から生じる賃貸料，権利金，手数料およびその他の利益
⑥ その他所得の性質を有する利得または利益

(6) 課税所得の計算

シンガポール会計基準に基づき作成された会計上の利益に，税務上の申告調整を行ったうえで課税所得を算出します。課税所得の計算上留意する項目は次のとおりです。

① **国外源泉所得**

国外源泉所得は，シンガポールで受領された時点で課税対象となります。ただし，上述のとおり特定の要件を満たす項目は課税対象になりません。

② **配当金**

国内法人からの配当金はすべて益金不算入となります。国外法人からの配当金は，原則として，シンガポールで受領された時点で課税されますが，上述の

③ **為替差益（損）**

資本的取引から生じた為替差益（損）は益金（損金）不算入となります。

④ **キャピタルゲイン（ロス）**

例えば，不動産の売買を業としていない場合，投資物件の売却取引または事業用固定資産の売却取引から生じたキャピタルゲイン（ロス）は，税務上益金・損金に算入されません。ただし，すでに税務上の償却が行われている場合は，キャピタルゲインのうち，償却相当額は税務上加算調整されます。不動産の売買を業としている場合，投資物件の売買取引から生じた損益は，損益的取引として，益金・損金に算入されます。

⑤ **減価償却費**

会計上の減価償却と税務上の減価償却は完全に分離しています。会計上の減価償却費はいったん全額加算調整され，税法の規定に従って計算された減価償却費（Capital Allowance, CA）が損金に算入されます。

⑥ **資本的支出と収益的支出**

日本のように資本的支出と修繕費の判定のための簡便基準はありませんが，税務上の減価償却資産のうち，特定の取得価額以下の少額のものについては，使用に供した年度において，S＄3万を上限に，その全額を税務上の減価償却費として損金算入が認められています。

内装工事費用は，税務上の減価償却資産には含まれませんが，税法の規定に従って損金に算入されます。

⑦ **引当金**

各種引当金の損金算入は原則として認められていません。ただし，SFRS39号に基づき売掛債権の減損金額を計上した場合，未払賞与を計上した場合，および個別評価された有給休暇引当金を計上した場合は損金算入が認められます。

⑧ **寄附金**

寄附金は，所得獲得のために直接要する支出ではないので，原則として，損金不算入となります。ただし，政府認定の公共団体または機関に対してなされ

た寄附は損金として認められます。

⑨ **自動車関連費用**

1998年4月1日以降，シンガポールで登録された乗用車については，ガソリン代，修繕費および保険料等の関連費用ならびにレンタカー代は損金不算入となります。ただし，事業用自動車（トラック，ローリー，トレーラー，バン等）の関連費用は損金算入が認められます。また，シンガポール国外での乗用車に対する費用に関しては，特定の割合のみ損金算入が認められます。

⑩ **創業費・開業費**

創業費および開業費の損金算入は原則として認められていません。賦課年度2004年から2011年において事業を開始した賦課年度の開業費に関しては，個別に判断する必要があり，事業を開始した賦課年度前の費用に関しては，損金不算入となります。賦課年度2012年以降に事業を開始した場合，事業を開始した直前年度に発生した開業費に関しては，損金算入が認められるようになりましたが，個別に判断する必要があります。

⑪ **交際費**

事業に関係した所得を獲得するために必要とした費用であれば，原則全額の損金算入が認められます。

⑫ **医療費負担額**

原則として，従業員への給与総額の1％を超える医療費は損金不算入となります。なお，事業主が可動式医療スキーム等を導入している場合は，2％を超える医療費が損金不算入となります。なお，給与総額には，ボーナス，通勤手当，海外出張日当および中央積立基金（CPF）拠出金等が含まれます。

⑬ **欠損金などの繰越**

欠損金および税務上の指定寄付金の未控除（欠損金等）は，2つの基準日時点で主要株主に異動（50％超）がないことを条件に，将来の所得と相殺されるまで永久に[注1]繰り越すことができます。税務上の減価償却費の未控除金額の繰越は基準期間に主たる事業内容に変更が無いことも条件となります。なお，欠損金等の2つの基準日[注2]とは，欠損金等が発生した事業年度の12月31日

と欠損金等を控除しようとする賦課年度の1月1日であり、基準期間とは、欠損金等が発生した基準日から欠損金等を控除しようとする基準日までの期間となります。

(注1) 税務上の指定寄付金の未控除の繰越可能期間は5年間。
(注2) 税務上の減価償却費の未控除の2つの基準日は、発生した賦課年度の12月31日と控除しようとする賦課年度の1月1日。

⑭ **外国税額控除**

シンガポール居住法人が認められる外国税額控除制度には下記があります。

ⅰ) 租税条約に基づく外国税額控除

租税条約締結国において課された外国税額に対する外国税額控除です。配当、利子、使用料に係る源泉税および支店所得に係る法人税額が対象となる直接税額控除と配当に係る法人税相当額が対象の間接税額控除が認められています。

ⅱ) 片務的外国税額控除

租税条約を締結していない国から送金された国外源泉所得に係る外国税額控除制度です。賦課年度2009年以降、直接税額控除の対象所得は、原則として免税となっていないものとされています。また、配当に係る法人税相当額の間接税額控除が認められています。なお、いずれの制度においても控除額の限度があり、すべての外国税額が控除できるとは限りません。

⑮ **生産性・技術革新控除スキーム（Productivity and Innovation Credit Scheme, PIC）**

PICとは賦課年度2011年から賦課年度2018年まで下記ⅰ)～ⅵ)の事業分野の所定の支出が400％損金に算入できる時限的な優遇税制です。

ⅰ) 特定の自動化装置の取得またはリースに係る支出

ⅱ) 労働開発庁（WDA）または技術教育機関（ITE）認証の社内教育訓練やすべての外部の教育訓練に係る支出(注1)

ⅲ) 知的財産の取得またはインライセンスに係る支出

ⅳ) 特許・商標・デザインおよび植物品種の登録に係る支出

ⅴ) 適格研究開発活動に係る人件費および消耗品費

ⅵ）デザイン庁（DesignSingapore Council）が承認した新製品および工業デザインプロジェクトに係る支出

上記６つの事業分野各々につき賦課年度2011年および2012年の２年間合計の上限支出はＳ＄80万（損金算入上限Ｓ＄80万×400％＝Ｓ＄320万），賦課年度2013年から2015年まで３年間合計の上限支出はＳ＄120万，賦課年度2016年から2018年まで３年間合計の上限支出はS＄120万です。すなわち,1事業分野につき８年間合計で最大Ｓ＄1,280万の税務上損金算入が可能となります。

また，賦課年度2011年から賦課年度2018年までの期間は，下記の３つ条件を満たす事業者は，現金還付（Cash Payout）を選択することが可能です。

① PIC適格支出が基準年度に発生している。
② シンガポールにて実際に営業している。
③ 基準日にシンガポール人またはPRの従業員を3人以上雇用している。

現金還付オプションとは，PIC適格支出を税務上損金に算入しない代わりに，各賦課年度につき$10万を上限として，所定の割合（注2）が補助される優遇税制です。ただし，合計S＄400未満の場合は選択できません。

賦課年度2011年及び2012年の２年間合計の現金還付オプションの上限は，S＄200,000です。賦課年度2011年及び2012年の現金還付オプションの最大補助金はS＄200,000x30％＝S＄60,000となります。

（注1）賦課年度2012より，WDAまたはITEに認証されていない社内教育訓練にかかる支出も，Ｓ＄10,000を上限に認められます。
（注2）賦課年度2011年及び2012年は30％，賦課年度2013年から2018年は60％（ただし，2016年8月1日以降の支出に関しては40％）。

⑯ グループ・リリーフ（Group Relief）

同じ事業年度において，シンガポールに設立された親会社が，シンガポールに設立されたその子会社の株式の75％以上を直接または間接に所有していることを条件に，単賦課年度ごとの税務上の欠損金，未控除減価償却費および未控除寄附金のグループ間での振替えを可能とする制度です。ただし，投資控除

(Investment Allowance) は対象外となります。

(7) 申告期限

毎年5月までに税務当局より法人税申告にかかる案内書が送付されます。

法人税申告書（Form Cまたは中小企業向けのForm C-S）の書面申告の提出期限は事業年度終了の翌年11月30日となり，電子申告の場合の期限は12月15日となっています。なお，図表3-4のように電子申告が義務化されます。

図表3-4　電子申告の義務化スケジュール

適用賦課年度	対象法人
2018	賦課年度2017年に売上高がS$1,000万を超える法人
2019	賦課年度2018年に売上高がS$100万を超える法人
2020	すべての法人

(8) 予定納税

決算期の如何にかかわらず，すべての会社は，決算期終了後3か月以内に税務当局に当該決算期の見積課税所得（Estimated Chargeable Income, ECI）を申告しなければなりません。電子申告の義務化スケジュールは図表3-4のとおりです。ただし，売上が所定の金額以下(注)で，ECIの金額がゼロの企業はECIの申告をする必要がありません。

この申告後，しばらくしてから税務当局より会社にECIに対する賦課決定通知書（Notice of Assessment, NOA）が送付されてきます（電子申告の場合は1週間程）。この賦課決定通知書日付から1か月以内に，通知書に記載された金額を予定納付しなければなりません。納付の方法として，GIRO（銀行口座自動引き落とし）を登録し，少し早めの申告を行うことで，最高10回までの分割納付が認められます。

(注)　2017年6月30日以前に決算期の到来した課税年度の売上はS$100万以下。2017年7月1日以降に決算期の到来した課税年度の売上はS$500万以下。

図表3-5　予定納税の分割納付（電子申告の場合）

申告日	分割回数
決算日の翌月26日まで	10
決算日の翌々月26日まで	8
決算日の翌々々月の26日まで	6
決算日の翌々々月の27日以降	1

図表3-6　予定納税の分割納付（書面申告の場合）

申告日	分割回数
決算日の翌月24日まで	5
決算日の翌々月24日まで	4
決算日の翌々々月の24日まで	3
決算日の翌々々月の25日以降	1

(9) 納　付

　Form CまたはForm C-S提出の数か月後に実際の課税所得に基づく賦課決定通知書が送付されてきます。この発行日から1か月以内に予定納税額との差額を納付しなければなりません。

8　個人所得税

(1) 納税義務者

　シンガポールに所得の源泉がある個人が納税義務者となり，居住者・非居住者の別により課税方法が異なります。シンガポールの居住者あるいは非居住者のいずれに該当するかについては，居住・滞在の態様，または人的役務提供期間により，判断されます。

　具体的には下記のいずれかに該当した場合は，居住者として取り扱われます。

① 賦課年度直前の暦年において合計183日以上シンガポールに滞在または人的役務を提供している場合
② 滞在または雇用期間が，継続して賦課年度直前の暦年を含む2暦年にまたがり，その合計が183日以上の場合
③ 滞在または雇用期間が，継続して賦課年度直前の暦年を含む3暦年にまたがる場合

(2) 課税所得の範囲

納税義務者の区分に応じた，課税所得の範囲，適用税率および申告納税方法は図表3-7のようになります。

図表3-7　納税義務者の区分と課税所得

納税義務者の区分	「居住」関係による区分	課税の対象となる範囲	適用税率	申告および納税方法
居住者	賦課年度直前年度（暦年）でのシンガポール滞在または人的役務提供期間が合計183日以上の者	シンガポール源泉所得	所得税速算表参照	申告納税の方法による
非居住者[※1]	賦課年度直前年度（暦年）でのシンガポール滞在または人的役務提供期間が合計60日超〜183日未満の者	シンガポール源泉所得	15%[※2]を適用して算出した税額または居住者と同様の税額の算出方法	申告納税の方法による
	賦課年度直前年度（暦年）でのシンガポール滞在または人的役務提供期間が合計60日以下の者[※4]	原則なし	原則なし	原則なし[※5]
非居住の取締役	賦課年度直前年度（暦年）でのシンガポール滞在期間が合計183日未満の人的役務を提供しない取締役	シンガポール源泉取締役報酬[※3]	22%	源泉徴収の方法による

| 非居住の自由職業者 | 賦課年度直前年度（暦年）でのシンガポール滞在期間または人的役務提供期間が合計183日未満の自由職業者 | シンガポール源泉所得 | 総所得の15％または純所得の22％ | 源泉徴収の方法による |

※1 非居住の取締役，芸能人，専門家およびその他自由職業者を除く。
※2 給与所得以外には，原則22％の税率が適用される。
※3 人的役務の提供に係る報酬除く。
※4 雇用期間が2歴年以上にまたがり居住者として取り扱われる者を除く。
※5 給与所得がS$21,000を超える場合，または税務当局からの申告に関するレターやSMSを受け取った場合は申告納税の方法による。

(3) 税率と税額の計算

シンガポールの居住者の個人所得税額の計算方法は，課税所得額に応じた累進税率を乗じて求めます。図表3-8の速算表により計算することができます。

図表3-8　所得税速算表（賦課年度2017年以降）

課税所得金額	個人所得税額
S$20,000以下	0
S$20,000超～S$30,000以下	課税所得の2％－S$400
S$30,000超～S$40,000以下	課税所得の3.5％－S$850
S$40,000超～S$80,000以下	課税所得の7％－S$2,250
S$80,000超～S$120,000以下	課税所得の11.5％－S$5,850
S$120,000超～S$160,000以下	課税所得の15％－S$10,050
S$160,000超～S$200,000以下	課税所得の18％－S$14,850
S$200,000超～S$240,000以下	課税所得の19％－S$16,850
S$240,000超～S$280,000以下	課税所得の19.5％－S$18,050
S$280,000超～S$320,000以下	課税所得の20％－S$19,450
S$320,000超	課税所得の22％－S$25,850

(4) 課税所得の計算

課税所得は，所得－所得控除により求めます。

所得に関しては本節**7**(5)を参照ください。

(5) 申告・納付

　直前年の暦年の所得を当年4月15日^(注)までに申告する必要があります。個人所得税申告書（Form B1）提出の数か月後に実際の課税所得に基づく賦課決定通知書が送付されてきます。この賦課決定通知日付から1か月以内に納付しなければなりません。GIROでの自動引き落としの登録をし，分割納付を選択することで，最高12回までの分割納付が認められます。

　外国人（永住権者以外）従業員の退職，海外への赴任または3か月を超えてシンガポールを離れる場合は，雇用者は当該退職等の1か月以上前に，タックスクリアランスの申告書（Form IR21）を提出する必要があります。当該退職等の通知より給与等を保留し，雇用に係る当該退職者等の個人所得税を，保留額を上限に賦課決定通知に基づき納付するよう義務づけられています。

(注) 電子申告の場合は，期日が4月18日に延長されます。

9 消費税（GST）

(1) 課税対象

① **標準課税取引（Standard Rated Supplies）**

　原則として課税業者がシンガポール国内で行うすべての財貨またはサービスの提供について標準課税取引としてGST7％が課せられます。

② **免税取引（Zero-Rated Supplies）**

　財貨の輸出および特定の国際サービス取引については免税取引としてGST0％を適用することが可能です。

③ **非課税取引（Exempt Supplies）**

　特定の金融サービス，特定の投資貴金属（2012年10月1日より）および居住用不動産の販売，ならびに貸付については非課税取引としてGSTは課税されません。

④ 課税対象外取引（Out-of-Scope Supplies）
　三国間取引，保税地域内取引，保税倉庫内取引および私的取引はGSTの課税対象外取引として取り扱われます。

(2) 納税義務者
　下記のいずれかに該当する場合は，GSTの課税業者登録の義務があります。

> ① 仮に課税業者登録していた場合の過去4四半期の課税売上(注)がS＄100万を超える場合
> ② 仮に課税業者登録していた場合の翌12か月の課税売上がS＄100万を超える場合

(注) 課税売上は標準課税取引および免税取引の売上額が対象となります。なお，上記に該当しない場合でも，任意で課税業者登録を行うことも可能です。

　GSTの課税業者登録を行った事業者が納税義務者となり，課税取引の供給時に顧客に対して必ずTax Invoiceを発行しGSTを課す必要があります。他の課税業者に支払ったGSTに関しては，Tax Invoiceおよび特定の計算に基づいて当局に納付すべきGSTから控除することが可能です。課税業者登録を行っていない事業者はGSTを課すことはできず，他の課税業者に支払ったGSTを還付請求することもできません。

(3) 納　付
　原則として3か月の課税期間ごとに各課税期間終了後1か月以内にGSTの申告および納付を行わなければなりません。

(4) 優遇税制
① メジャーエクスポータースキーム（Major Exporter Scheme, MES）
　MESは財貨の輸入を多く行う輸出業者のGST立替えの負担を解消させるた

めの優遇税制です。輸出は免税取引ですが，原則としてすべての輸入者は輸入時に財貨に係るGSTを支払わなくてはならないため，一定期間輸入に係るGSTの立替負担が生じます。

MESの登録を行った事業者は輸入時のGSTの納税を当該財貨の国内販売時まで免除されます。なお，免税取引の対象となる売上が総売上の50％超，または直近の12か月の免税取引の対象となる売上がＳ＄1,000万超であることが必要です。

② グループ登録（Group Registration）

企業集団内の取引に対してGSTの管理および申告業務の軽減をはかるための優遇税制です。グループ登録を行った企業集団はGST上1課税業者として扱われ，グループ内取引は課税対象外取引となります。

10 シンガポールと他国との租税条約

(1) シンガポールでの租税条約の締結状況

2017年5月末現在，シンガポールは日本を含め82か国・地域と租税条約・租税協定（所得に対する租税に関する二重課税の回避および脱税の防止のための協定）を締結しています。

(2) 日本とシンガポール間の租税条約

① 配 当

ⅰ）日本法人からシンガポール法人に支払う場合

　Ⓐ　配当の支払日に先立つ6か月間を通じて，当該配当支払法人の議決権株式の25％以上を保有する場合は源泉税率5％

　Ⓑ　上記以外のものは源泉税率15％

ⅱ）シンガポール法人から日本法人に支払う場合は源泉税率0％

② 利 子

ⅰ）一方の締結国内で生じる利子で他方の締結国内の政府等に支払われるものは源泉税率0％

ⅱ）上記以外のものは源泉税率10％
③ 使用料
源泉税率10％
④ 短期滞在者の給与・報酬
　日本の居住者がシンガポール国内で行う勤務から生じる報酬は，下記の要件をすべて満たせば日本においてのみ課税されます。
　ⅰ）報酬の受領者のシンガポール滞在期間が，継続するいかなる12か月の期間においても合計183日を超えない。
　ⅱ）報酬がシンガポール居住者でない雇用主またはこれに代わる者から支払われる。
　ⅲ）報酬は日本の雇用主のシンガポール国内にある恒久的施設または固定的施設によって負担されていない。
⑤ 取締役報酬
　シンガポール子会社の取締役として受領する取締役報酬はシンガポールで課税されます。

11　シンガポールにおける移転価格税制

　移転価格税制とは，関連会社との取引価格（移転価格）が第三者との取引価格（独立企業間価格）と異なる場合，独立企業間価格で取引したとみなして課税する税制です。シンガポールでは，税務当局から2006年2月23日に移転価格税制に関するガイドラインが初めて公表され，その後，いくつかの補足ガイドラインまたは通達が公表され，2015年1月以降は，毎年，移転価格税制に関するガイドラインが改訂され，2017年1月12日に第4版が公表されました。おおむねOECDの移転価格ガイドラインの内容に沿って，独立企業間価格の原則，文書化，相互協議，事前確認などについて規定されています。下記の免除要件に該当しない場合には，税務当局は移転価格同時文書の作成を要求しています。
　なお，2017年所得税改正法により，賦課年度2019年以後は，売上がS$1,000

万を超える場合は，移転価格同時文書の作成が必要とされ，免除要件は今後発表される予定です。

① 法人税率が同じシンガポール国内の関連者間取引
② 貸し手が金融事業に従事していない，シンガポール国内の関連者間の金銭貸借取引
③ 関連者間のルーティンサービス（会計処理，給与計算，事務代行，ITサポート，人事管理など）に対して，コスト＋5％マークアップが適用されている取引
④ 関連者間の金銭貸借取引における金利に，指針スプレッドが適用されている取引
⑤ 税務当局との事前確認（APA）の対象となっている関連者間取引
⑥ 事業年度ごとに図表3-9の基準金額以下の関連者間取引

図表3-9　関連社間取引

関連者間取引の種類	基準金額
すべての関連者からの棚卸資産の購入	S$1,500万
すべての関連者からの棚卸資産の販売	S$1,500万
すべての関連者への貸付金	S$1,500万
すべての関連者への借入金	S$1,500万
その他の関連社間取引 　役務提供に係る収入 　役務提供に係る費用 　ロイヤルティ収入 　ロイヤルティ費用 　賃貸収入 　賃貸費用 　保証に係る収入 　保証に係る費用	S$100万 （各取引種類毎）

また，税務当局は2016年10月10日に国別報告書（CbCR）の導入に関するガイドラインを公表しました。2017年1月1日以降に開始する事業年度より，特定のシンガポールに本部を置く多国籍企業グループ[注1]は，国別報告書（CbCR）の作成および税務当局への提出が必要となります。

　さらに，賦課年度2018年より，関連者間取引が所定の金額[注2]を超える法人は，移転価格文書とは別に，法人税申告の際に関連者間取引を報告する書式の提出が求められます。

（注1） 直前事業年度のグループ連結売上高がS$11億2,500万以上であり，シンガポール国外に子会社を有するまたは事業を行っている多国籍企業グループの最終親会社であるシンガポール居住法人。
（注2） 損益計算書上の関連者間取引（ただし，主たる経営幹部への報酬および配当除く）ならびに関連者間の貸付金，借入金および営業外債権債務の期末残高の合計金額がS$1,500万。

第2節　香港の会計・税務

1　会計制度

　具体的な香港の会計制度は，会社条例（Companies Ordinance, CO）によって規定されています。基本的には日本とほぼ同様と考えても差し支えないですが，以下に列挙する部分については注意が必要です。

(1) 会社は，会計帳簿（決算書，財務諸表）を適時適切に作成し，事業年度の末日から7年間保存しなければなりません。
(2) 会社は，年1回決算を行い，外部監査法人による会計監査を受けることが義務づけられています。決算日は自由に決めることができ，日本とは異なり定款に決算日を記載する必要はありません。初年度の決算日が自動的に第2期以降の決算日となります。決算日は特別な事情がない限り変更できません。

(3) 記帳通貨は，原則として主要取引通貨を用います。香港では香港ドル以外の米ドルや日本円などの国際流通通貨での記帳管理も可能です。
(4) 決算書自体には法的な作成期限がなく，税務申告期限や年次株主総会開催日に間に合うスケジュールで決算書の作成時期を決定します。
(5) 企業会計と税務会計は，完全に分離しています。日本では貸倒引当金や減価償却の計算を税法に合わせる形で行うことがよくありますが，香港では会計処理はあくまで会計基準に従って行われます。したがって，税務条例（Inland Revenue Ordinance, IRO）の規定は影響しません。
(6) 子会社を持つ会社は，連結財務諸表の作成が原則として義務づけられています。したがって，持株会社等の場合はその負担が大きくなります。連結財務諸表の作成が免除される例としては，①親会社が連結財務諸表を作成して公表している場合や②対象となる法人が別の法人の100％子会社である場合，さらに，③その株式の過半数以上が別の法人に保有されており，かつ決算日の6か月以上前に取締役から株主への通知があり，かつ株主全員が決算日の3か月以上前に異議申し立てをしない場合等が該当します。

ただし，実務上は作成義務を十分認識していながら連結財務諸表を作成しないケースも多々存在します。その理由として，監査報告書に「連結財務諸表を作成していない」旨の限定意見を記載することによって監査が完了できることに加え，税務当局も税金に関係しないことからこれを指摘せず，不遵守によるペナルティが事実上存在しないことがあげられます。

2 会計基準

香港における会計基準については，会社条例の中に具体的な規定がないため，実務上，香港会計士協会が公表している香港財務報告基準（Hong Kong Financial Reporting Standards, HKFRSs），香港会計基準（Hong Kong Accounting Standards, HKASs）（以下，合わせて「香港会計基準」），中小企業財務報告基準（Small and Medium-sized Entities Financial Reporting Framework and Financial

Reporting Standard, SME-FRF&FRS），2010年4月30日に公表された（私的会社香港財務報告基準（HKFRSs for Private Entities））に従うことになります。

香港会計基準は2005年1月1日より国際財務報告基準（International Financial Reporting Standards, IFRSs）および国際会計基準（International Accounting Standards, IASs）（以下，合わせて「IFRSs」）にフルコンバージェンスしたため，実質的にはIFRSsと同一の基準となっています。中小企業会計基準は，すべての会社への国際財務報告基準の適用は事務負担が大きいことを考慮して作られた簡便な会計基準です。財務諸表の表示方法もIFRSsにフルコンバージェンスしたため，実質的にはIFRSsと同一の表示方法となっています。

3 会計監査

(1) 会計監査の義務づけ

会社条例によって，すべての会社に対して会計監査が義務づけられていることが，香港の会計制度の大きな特徴です。

(2) 会計監査の持つ税務調査的な側面

会計監査の実施は，会社条例で義務づけられています。会社条例上，ペナルティそのものは大きなものではありませんが，実務上は会計監査を避けては通れません。これは，税務条例上，提出が義務となっている税務申告書の添付書類として，監査報告書の原本の添付が原則求められているからです。

申告期限内に税務申告書を提出しない場合には，税務当局による罰金，処分さらに裁判所への出廷命令にまで発展することになるため，申告期限内に会計監査を完了させる必要があります。

4 税制の概要

香港は，アジア地域におけるいわゆるタックス・ヘイブン国の1つとして知

られていますが、その特徴をまとめると以下のようになります。

(1) 低税率

　所得税にせよ法人税にせよ、その税率が他の国や地域と比較して格段に低く抑えられていることが最も大きな特徴であり、タックス・ヘイブンとして広く知られる所以です。

(2) 簡素な税制

　単に低税率であるだけでなく、税の種類自体が少なく、さらにそれぞれの本法の内容は極力簡明になるように規定されています。また、通達や判例などは日本と同様に存在しますが、租税特別措置法や地方税法、政令に該当するものがなく簡素化された制度となっています。近年では、大小含めると税制改革も少なからず実施されています。

(3) 非課税方式による二重課税の排除

　香港内源泉所得（＝オンショア所得）のみ課税対象とするため、香港外で得た所得（＝オフショア所得）は原則としてすべて非課税扱いになります。このことをオフショア所得非課税といい、香港と香港外の国の両方から二重に課税される可能性を香港側があらかじめ課税を放棄することによって除いています。これはいわゆるタックス・ヘイブンと呼ばれる国の税制に見られる1つの特徴でもあります。

　また、香港では個人も法人も受取配当金に課税されることはありません。これは受取配当金に課税して二重課税になることを防ぐためです。

(4) 例外的な源泉徴収制度

　香港では、非居住者へのロイヤルティの支払などごく一部の例外を除き、源泉徴収制度を採用していません。つまり、納税義務者はすべての税金について自ら申告を行うことになります。

なお，非居住者へのロイヤルティの支払には使用料総額の4.95％（30％×16.5％＝4.95％）の源泉税が徴収されます。

(5) 予定納税制度

源泉徴収制度を採用しないことにより，徴収漏れのリスクが課税上大きな問題となってきます。非居住者に対しては実効性のある徴収方法が他にないことから，源泉徴収制度を採用せざるを得ませんが，香港居住者に対しては源泉徴収制度ではなく，予定納税制度を採用することによって，この問題を解決しています。具体的な計算イメージは図表3-10のとおりです。

図表3-10　予定納税制度の計算例

	翌年度	今年度
所得（A）	200	100
税率（B）	16.5％	16.5％
税額（C＝A×B）	33	16.5
前期納税額（C'）	16.5	−
予定所得額（D＝A）	200	100
予定税率（E）	16.5％	16.5％
予定納税額（F＝D×E）	33	16.5
確定納税額（G＝C−C'＋F）	49.5	33

(6) 賦課納税制度

日本の法人税や所得税は，確定申告時に自ら税額計算を行いそれに基づいて納税する制度であり，一般に申告納税制度と呼ばれます。一方，香港の法人税や所得税は，確定申告時に自ら税額計算を行うところまでは日本と同じですが，その申告書自体は税額確定のための資料の一部という位置づけであり，税額自体はあくまで税務当局が決定するところに大きな違いがあります。つまり，香港の場合は，税務当局から発行された賦課税額決定書をもとに納税を行うことになります。

(7) 省力化された税務調査

香港では，税務当局の調査官が実地調査を行うことは比較的少なく，税務当局より発行される税務質問状による調査が大半を占めます。実地調査を頻繁に実施しない理由としては，すべての法人に対して公認会計士の監査が義務づけられていることで，作成される決算書は粉飾の余地がほとんどなくなると考えられるためで，税務申告書に添付される監査報告書の内容について，税務当局は審査を十分に行っているものと考えます。この審査を行った結果，異常点が存在する会社やオフショア申請を開始した会社に対し，税務当局より文書による税務質問状が送付されます。

5 税金の種類

香港の税金の種類を列挙すると以下のとおりとなります。なお，2017年6月現在，日本の消費税や贈与税，相続税に相当する税金は存在しません。

(1) 事業所得税（Profits Tax）
香港を源泉とする事業所得に対して課税されます。本節 6 にて詳述します。

(2) 給与所得税（Salaries Tax）
香港を源泉とする給与所得に対して課税されます。本節 7 にて詳述します。

(3) 資産所得税（Property Tax）
香港を源泉とする不動産の賃貸所得に対して課税されます。具体的な計算式は，以下のとおりです。

> 不動産の賃貸所得＝賃貸収入－固定資産税－賃貸収入×20％

なお，税率や課税年度，申告方法等は，給与所得税とほぼ同じです。

(4) 事業登録税（Business Registration Fee & Levy）

商業登記条例（Business Registration Ordinance, BRO）により，商業登記を行っている者が納税義務者とされています（図表3-11参照）。

図表3-11　事業登録税の推移

期　　間	登記料（1年間）	徴費（1年間）
2011/08/01～2012/03/31	HK$2,000	HK$450
2012/04/01～2013/07/18	HK$0	HK$450
2013/07/19～2014/03/31	HK$0※	HK$250
2014/04/01～2016/03/31	HK$2,000	HK$250
2016/04/01～2017/03/31	HK$0	HK$250
2017/04/01～	HK$2,000	HK$250

※　一時的に免除

(5) 印紙税（Stamp Duty）

印紙税条例（Stamp Duty Ordinance, SDO）により，課税文書の作成者が納税義務者とされています。具体的には，香港内における不動産売買契約書や賃貸契約書，株式売買契約書等が課税文書に該当します。不動産売買契約書の場合には，最高で売買価額の8.5％の累進課税，株式売買契約書の場合には売買価額の0.1％（営業譲渡の場合，5ドル＋0.2％）となっています。

加えて，2010年11月20日以後に購入された不動産を購入日から24か月以内に売却する場合，当該売上価格もしくは市場価値のいずれか高いほうに対し5～15％の特別印紙税が課税され，もしくは2012年10月27日以後に購入された不動産の購入日から36か月以内に売却する場合，同様の基準価格の10～20％の特別印紙税が課税され，さらに永住権を有しない外国人が，香港内の不動産を購入する際に当該購入価格もしくは市場価値のいずれか高いほうの15％を課すとする，不動産購入印紙税に関する規定が2017年6月現在，適用されることとなります。

(6) 資本登録税（Capital Duty）

　会社条例により，会社設立時の資本金拠出やその後の増資のための授権資本枠を広げる際，その授権資本額に対し課税されていましたが，2012年6月1日以降，廃止されています。

(7) 固定資産税（Rates & Government Rant）

　固定資産税条例（Rating Ordinance & Government Rent Ordinance）により，不動産の所有者と借手の双方が納税義務者とされています。通常は賃貸契約書上でどちらが納税義務者となるか約定することになります。固定資産税は，不動産の評価額に対して課税され，この不動産の評価額は年に1回見直されます。

　税務当局からの賦課決定通知書に基づき，四半期ごとに前払で納税を行います。なお，税率は不動産評価額の5％であり，地理的一定条件により，さらに3％の借地料が加算されます。

　2017年6月現在，2016/17年度および2017/18年度は，四半期の納税時に，上限をHK$1,000とした免税措置がとられています。

(8) 物品税（Excise Duties）

　物品税条例（Dutiable Commodity Ordinance, DCO）により，特定の物品の消費者が納税義務者とされています。具体的には，石油，タバコ，酒類などが対象となっており，物品により税率や税額はさまざまです。

(9) 車両登録税（First Registration Tax）

　自動車条例（Motor Vehicle Ordinance, MVO）により，新車を購入登録する者が納税義務者とされています。人口密度の高い香港では車両規制が厳しく，税率は2011年6月17日以降通常の利用車両は，40〜115％の累進課税となっています。一方で，タクシー用車両は3.7％等，特定の公的車両には優遇措置があります。

(10) 賭博税（Betting Duty）

賭博税条例（Betting Duty Ordinance, BDO）により，宝くじや競馬など賭博の収入者が納税義務者とされています。税率は25〜75％となっていますが，香港では，競馬とサッカーくじともに盛んなので，香港政府の貴重な収入源となっています。

6　事業所得税

(1) 納税義務者

税務条例により，事業所得税の納税義務者は，その課税年度において香港源泉の事業所得がある者とされています。

納税義務者には，法人，個人事業主，パートナーシップ，およびその他の主体があり，法人も個人も事業所得に対しては同じ課税がなされます。ただし，税率は法人と個人との間で異なります。

(2) 課税年度

課税年度は4月1日から翌年3月31日までとされています。ただし，決算日が3月31日以外の場合には，当該決算日で終了する事業年度が課税事業年度となります。

(3) 課税対象所得

香港内源泉所得（＝オンショア所得）のみ課税対象とし，香港外で得た所得（＝オフショア所得）は原則としてすべて非課税扱いになります。

事業所得における事業活動については細かい定義等が存在しないため個別に判断されます。営利目的で活動を行っていれば事業とみなされます。

(4) 税率と税額の計算

直近の税率の推移は図表3-12のようになっています。

図表3-12　事業所得税率

課税年度	法人税率	個人税率
2007/08	17.5%	16.0%
2008/09〜2017/18	16.5%	15.0%

> 事業所得税の税額＝課税所得×税率

(5) 課税所得の計算

香港会計基準に基づき作成された会計上の利益に，税務上の申告調整を行ったうえで課税所得を算出します。課税所得の計算上留意する項目は次のとおりです。

① **受取配当金**

受取配当金は二重課税排除のために非課税となり，益金不算入項目となります。

② **銀行預金利息**

原則として課税対象となりません。

③ **キャピタルゲイン・ロス**

キャピタルゲイン・ロスとみなされる売却損益は課税対象となりません。

④ **為替差損益**

事業に関連しない為替差損益は課税対象となりません。

⑤ **創立費・開業費**

事業を開始するまでに生じた創立費および開業費は損金算入することができません。

⑥ **寄附金**

見返りなしに指定寄附先に現金を寄附した場合で，年間HK$100以上の寄附を行った場合は，その他の規定により損金算入されていないことを条件として，課税所得計算の調整後の寄附金控除前の所得の35％を限度として損金に算入できます。

⑦ 交際費

売上と関連している限り常識的な範囲内であれば，原則無制限に損金算入できます。

⑧ 減価償却費

会計上の減価償却費は全額損金不算入としますが，別途計算した税務上の減価償却費を全額損金算入する調整を行います。これは，会計上の減価償却費は，合理的な見積耐用年数を会社が独自に決定し，規則的な計算を求められる一方で，税務上は初年度に60〜100％の特別償却が適用できる資産が多く，耐用年数自体も税法で決まっていることから，会計上の減価償却費と税務上の減価償却費が全く異なって計算されることによります。

また，上記の特別償却の制度等の理由により，一般には会計上の減価償却費よりも税務上の減価償却費のほうが早い段階で多額の計上がなされることとなります。

⑨ 欠損金の繰越

繰越欠損金の繰越期限はないため，無制限に使用することができます。

⑩ 外国税額控除

外国税額控除の制度は本法に規定があるものの，租税協定の締結が要件となっているため，実質上租税協定締結国との二重課税のみが外国税額控除の対象となります。ただし，そもそもオフショア所得非課税であることから，実際に外国税額控除を受けられるケースはまれです。なお，日本の消費税や中国の増値税・営業税のように，所得税以外の外国で発生した税金については，外国税額控除は受けられないものの，損金算入処理を行うことは認められます。

(6) 申告期限

① 設立初年度の場合

税務申告書は税務当局から発行され，その発行日の3か月後が申告期限となります。一般には，設立日からおおよそ18〜24か月後に発行されてくることが通常です。

② 2年目以降の場合

原則は，税務申告書の発行日の1か月後が申告期限となります。通常は4月1日に発行されますので，毎年4月30日が申告期限になります。ただし，税務代理人を選任している場合には，税務代理人から延長申請を行うことを条件に，図表3-13の期限まで延長できます。

図表3-13　決算月と申告期限

決算月	延長可能期限
12月決算	翌年の7月31日※
1月～3月決算（黒字の場合）	同年の11月15日
1月～3月決算（赤字の場合）	翌年の1月31日
4月～11月決算	延長不可（翌年の4月30日）

※　12月決算の会社が比較的多いことより，例年8月中旬まで延長されています。

③ 前期赤字の場合

前期赤字の場合には，税務当局から税務申告を猶予する旨の通知が届くことがあります。この場合には，翌年以降税務当局からは税務申告書は発行されないため，事実上申告期限は存在しません。ただし無条件で猶予されるわけではないので，以下の点につき留意が必要です。

ⅰ）黒字となることが見込まれる場合には，決算期の終了日から4か月以内に，税務当局に対してその旨を通知することが義務づけられており，違反した場合は罰金処分対象となります。

ⅱ）黒字となって税務申告義務が生じた場合，税務申告を行っていない期の分も税務申告書を作成する必要があります。

つまり，税務当局にしても赤字の会社からは税金は取れないので，黒字になった時点までは申告しなくても構わないという趣旨です。

したがって，黒字になった年度には，繰越欠損金を確定するためにも過去の期に遡って申告書を作成しなければならないため，将来黒字が見込まれる会社にとっては申告作業が猶予されているに過ぎません。

(7) 納税方法および期限

香港は翌課税年度も確定課税年度と同額の課税所得があるものとみなす予定納税制度を採用しており，その納付は2回の分割納付となるケースが一般的です。その場合，第1回目の納付金額は前課税年度の予定納税額精算後の確定課税年度の納付額および予定納税額の75％，第2回の納付金額は予定税額の25％となり，第2回目の納付期限は第1回納付期限から3か月後となります。

7 給与所得税

(1) 納税義務者

税務条例により，給与所得税の納税義務者は，その課税年度において香港源泉の雇用，役職または年金に基づく所得がある者とされています。なお，課税年度は，4月1日から翌年3月31日までとされています。

(2) 香港源泉の判定
① 雇用所得

雇用所得の源泉地は，以下の3要件により判定されます。

　ⅰ）雇用契約の締結地が香港であること
　ⅱ）雇用主の住所が香港であること
　ⅲ）給料の支払地が香港であること

上記の3要件をすべて満たしていれば，原則として香港源泉とみなされ，1要件でも満たしていれば，香港源泉と判定される可能性があります。

② 意図的に要件外しをしている場合

実質により判断をされ，香港源泉とみなされる可能性があります。

③ 役務がすべて香港外で提供されている場合

原則香港源泉とはみなされません。

④ 雇用契約の源泉地が香港外であって，香港滞在日数が60日超の場合

香港源泉分は，滞在日数を基準に按分計算されます。

⑤ **雇用契約の源泉地が香港外であって，香港滞在日数が60日以下の場合**

短期滞在者に係る雇用所得として，香港源泉とみなされません。

⑥ **役員報酬所得**

香港の会社から支給される役員報酬であれば，香港源泉とみなされます。

⑦ **年金所得**

香港での雇用から発生する年金所得であれば，香港源泉とみなされます。

(3) 税率と税額の計算

標準税率方式と累進課税方式の2通りで計算した金額のうち，いずれか低いほうが最終税額となります。なお，標準税率方式では課税所得を用いるのに対し，累進課税方式では純課税所得（＝課税所得－一定の所得控除）を用いることに留意が必要です。したがって，通常は人的控除と累進課税のメリットが取れる分，よほど課税所得が大きくない限り累進課税方式のほうが有利です。

> ① 標準税率方式税額＝課税所得×15%
> ② 累進課税方式税額＝純課税所得×累進税率

図表3-14 累進課税方式における税率表

2011/12～2016/17

純課税所得金額	累進税率
～HK$40,000	2%
HK$40,001～HK$80,000	7%
HK$80,001～HK$120,000	12%
HK$120,001～	17%

2017/18以降

～HK$45,000	
HK$45,001～HK$90,000	
HK$90,001～HK$135,000	
HK$135,001～	

(4) 課税所得の計算

まず，香港源泉の雇用所得，役員報酬所得または年金所得のうち，課税対象となる所得（課税所得）を計算します。課税所得には次のものがあります。

① **賃金・給与等**

課税項目として下記のものがあります。これらは，香港の雇用主以外から受領したもののみならず，それ以外の者から受領した場合も，香港内で役務提供が行われている限り課税対象となります。

・賃金給料	・謝礼	・臨時収入
・休暇手当	・賞与	・手当
・報酬	・チップ	

② **会社が負担する住宅家賃**

従業員の住宅家賃等を会社が負担する場合，その経済的利益は課税対象となります。この場合，みなし給与として課税対象となる金額は，通常，給与総額の10%となります。

③ **会社が負担する給与所得税**

納税義務者である従業員の給与所得税を会社が負担した場合は，会社から従業員への経済的利益の供与と解されます。

④ **ストック・オプション**

権利行使時点の公正価値が課税対象となります。

⑤ **換金可能なものまたは現金同等物の受領**

⑥ **教育手当**

⑦ **その他**

(5) 純課税所得の計算

> 純課税所得＝課税所得－寄附金控除－人的控除等

① **寄附金控除**

認定寄附先に対する寄附金は課税所得から控除できます。要件は以下のとおりです。

ⅰ) HK$100以上で，かつ認定慈善団体発行の領収書があること

ⅱ) 課税所得の35％以下であること

② **人的控除**

人的控除の種類と控除額は図表3-15のとおりです。なお，控除額は2016/17年度と2017/18年度の金額を表示しています。

図表3-15　人的控除項目

人的控除項目	控除額（16/17年度）	控除額（17/18年度）	留意点
基礎控除	HK$132,000	HK$132,000	
配偶者控除	HK$132,000	HK$132,000	配偶者が申告しない場合。別居していても扶養していれば適用可
子供扶養控除	HK$100,000／1人	HK$100,000／1人	18歳以下の子供で9人まで。ただし，25歳以下の学生と障害者は控除可
子供誕生控除	HK$100,000	HK$100,000	子供が生まれた年のみ
兄弟扶養控除	HK$33,000／1人	HK$37,500／1人	1年を通して扶養している場合に適用可
父母・祖父母扶養控除（60歳以上）	HK$46,000／1人	HK$46,000／1人	1年を通して扶養している場合に適用可
父母・祖父母扶養控除（55歳以上60歳未満）	HK$23,000／1人	HK$23,000／1人	1年を通して扶養している場合に適用可
付加父母扶養控除（60歳以上）	HK$46,000／1人	HK$46,000／1人	同居の場合，上述の扶養控除にさらに加算
付加父母扶養控除（55歳以上60歳未満）	HK$23,000／1人	HK$23,000／1人	同居の場合，上述の扶養控除にさらに加算
寡婦（夫）控除	HK$132,000	HK$132,000	1人目の子供を扶養している場合に適用可

障害者控除	HK$66,000	HK$75,000	香港政府認定の障害者を扶養している場合
学習費用税額	HK$80,000	HK$100,000	
控除上限額	HK$18,000	HK$18,000	

(6) 申告期限

　毎年4月初旬に香港税務局より雇用主（会社）宛に雇用主支払報酬申告書（Employer's Return of Remuneration and Pensions, Form B.I.R.56A & I.R.56B）が発行されますので，雇用主は，それに課税年度（4月～翌年3月）内に支給した給与手当を，従業員各個人別に記載し，発行から1か月以内に税務当局に提出する必要があります。

　次に香港で従業員を雇用した場合，雇用開始後3か月以内に会社が雇用開始通知書（Form IR56E）を税務当局に提出する義務があり，この通知書が適切に提出されていれば，給与所得のある個人のもとへ，毎年5月上旬に個人所得申告書（Tax Return - Individuals, Form B.I.R.60）が送付されます。これも，申告期限が申告書日付から1か月以内となっているため，通常は5月末までに記入を行い，本人が署名を行ったうえで提出しなければなりません。

(7) 納税方法および期限

　事業所得税とほぼ同様に運用されているので，本節**6**(7)を参照してください。

8 香港と他国との租税協定

(1) 香港での租税協定の進展

　香港はオフショア所得非課税方式を採用しているため，そもそも二重課税が生じる可能性が比較的小さく，現実に二重課税がビジネスの妨げになるというケースは少ないようですが，国際金融センターを目指すべく，現在多数の租税協定に係る進展があります。

2017年6月末現在，日本や中国を含む34か国と租税協定を締結しており，3か国との交渉を開始しています。日本と香港の間では，2010年11月9日に租税協定が調印され，2012年4月1日より発効されています。なお，日本と中国の間における租税条約は，あくまで日本と中国間のみの適用で，香港には適用されません。

(2) 日本と香港間の租税協定

まず，配当・利子・ロイヤルティ等の使用料・その他投資に係る所得について，投資先（源泉地国）での課税に一定の制限税率が設けられています。

これらの制限税率はすべての項目で現状の香港税務条例上の税率を超えているため，日本から香港への投資に係る所得については，引き続き香港税務条例に従う形で齟齬は発生しないと考えられます。逆に香港から日本への投資に係る所得については，非常に大きな恩恵が期待されます。

図表3-16　日本香港間租税協定概要

所得の種類	制限税率	摘　要
配当	5～10％	受益者が，配当の権利確定日以前の6か月間，該当する法人の議決権付き株式の10％以上を直接または間接的に所有する場合に5％，その他の場合は10％が適用されます。ただし，香港側ではそもそも源泉課税はなく，香港の国内法のほうが有利なため制限税率の適用を受けないと考えられます。
利子	0～10％	受益者が政府関連機関である場合，または受益者の居住地側の政府機関に保証された債権に支払われる場合に免税，その他の場合は10％が適用されます。
使用料	5％	香港側での使用料の源泉徴収については，2017年6月現在，一定の条件のもと，源泉税率が4.95％となっており，香港の国内法のほうが有利なため，制限税率の適用を受けないと考えられます。
キャピタルゲイン（譲渡収益）	各国の法人税率	一定条件のもと，不動産・不動産に50％以上関連する株式・所有期間が5年未満の破綻金融機関株式等を除き，居住地国のみで課税されます。ただし，香港の国内法ではキャピタルゲインは非課税となっています。

また，移転価格税制の項目が設けられており，今後租税協定にそぐわない価格調整，つまり二重課税が生じた場合，その課税の通知から3年以内に限り，居住地国（地域）の税務当局へ異議申し立てをすることが可能です。

　さらに，短期滞在者の所得税免税規定について，香港税務条例上では，香港に60日超滞在することで，短期滞在者でないと判断されます。しかし，この規定により183日ルールが適用されるようになり，今後は期間が延びることによって短期滞在者の税務処理の煩雑性が軽減され，さらなる人材交流が期待できると考えられます。

(3) 中国と香港間の租税協定

　配当・利子・使用料・その他投資に係る所得について，投資先（源泉地国）での課税に一定の制限税率が設けられている点は，(2)と同じで，経済環境が異なることにより，条件その他も異なる点があります。

図表3-17　中国香港間租税協定概要

所得の種類	制限税率	摘　要
配当	5～10%	中国の外商投資企業（外国投資者25%以上の持分）からの配当の場合は5%，その他の場合は10%が適用されます。ただし，香港側では源泉課税はなく，香港の国内法のほうが有利なため，制限税率の適用を受けないと考えられます。
利子	7%	
使用料	7%	香港側での使用料の源泉徴収については，2017年6月現在，一定の条件のもと，源泉税率が4.95%となっており，香港の国内法のほうが有利なため，制限税率の適用を受けないと考えられます。
キャピタルゲイン（譲渡収益）	0～10%	資産に占める不動産の割合が50%以上である法人の株式，企業の総株式の25%以上の譲渡を受ける場合のその株式等を除き，居住地国のみで課税されます。ただし，香港の国内法ではキャピタルゲインは非課税となっています。

また，移転価格税制についても項目が設けられており，二重課税のリスクは軽減されています。

　所得税については，外国税額控除が認められているため，源泉地が両側にあるとみなされた場合も，救済を受ける余地があると考えられます。所得税以外の諸税については，香港側で香港源泉利益と関連することを条件として，経費算入が可能です。

　最後に，短期滞在者の所得税免税規定について，183日ルールが適用されますが，183日ルールの日数のカウントは年度ごとではなく，課税年度の開始もしくは終了するいずれの12か月間の期間においても183日を超えないこと，となっています。他国の租税条約では，183日の日数のカウントが年度ごとである場合もあるので留意が必要です。また，中国側は，香港居住者に対し中国居住者から給与手当が支払われている限り，課税権を放棄していないので，この点も留意が必要です。

9　香港における移転価格税制

　クロスボーダー取引の増加，とりわけ中国本土を絡めたクロスボーダー取引の増加に伴い，二重課税の問題の中で，特に価格の調整による所得移転の問題に対処するための方法が以前から求められていました。2009年4月30日に税務実務解釈指針（DIPN）45号「移転価格もしくは利益再配分調整による二重課税の排除」が公表されており，2009年7月24日の香港終審法院におけるNgai Lik Electronics Co. Ltd.の上訴上告事案にて，税務当局が敗訴したことを契機として，移転価格税制に関する詳細な通達であるDIPN46号「移転価格ガイドライン－算定方法および関連諸問題」が2009年12月4日に公布されています。

　移転価格税制は，海外関連者への不当な低廉販売，もしくは海外関連者からの不当な高価買入れなどにより所得が減少しているとみなされた場合に，当該取引が通常価格（第三者間もしくは独立企業間価格）で行われたとみなして所得を計算し課税する制度で，香港のそれも同様です。

2016年6月20日、香港は経済協力開発機構（OECD）の「税源浸食と利益移転（BEPS）」に関連する措置に呼応し、包括的な枠組みに、準参加国（地域）として参加することを表明しました。これに伴い、2016年末頃には協議会が設置されるなど、4項目の行動計画の実施から順守まで、監察していく方針を打ち出しています。2017年12月31日までに、必要とされる改正法案が有効となっていることを要件として、2018年1月1日以降から開始する会計年度より、一定の条件に該当する多国籍企業グループは、国別報告書の作成が義務付けられ、これに関連する文書化（ローカルファイル及びマスターファイルなど）もまた、当該改正法案が有効となるのと同時に、取扱いが確定する予定となっています。

第3節　上海の会計・税務

1　会計基準

中国では、2007年に新しい企業会計準則（新準則）が施行されたあとも、それ以前の会計基準が併存している状況でしたが、2013年1月1日より小型企業を対象とした小企業会計準則の適用が開始され、以後は次の2つの会計基準を体系とした会計制度になります。

(1)　企業会計準則

2007年1月1日より施行。IFRSに準じた内容となっています。

当初は中国の上場企業に適用され、順次強制適用範囲が広がっています。新準則への移行状況は地域差があるため、従来の会計制度（旧準則と企業会計制度）による企業もいまだ存在しますが、2013年からは、(2)の小企業会計準則を採用する企業を除き、上場会社を含めすべての企業に適用するものとされています。

(2) 小企業会計準則

2013年1月1日より施行。業種ごとに定められた一定の売上高および従業員数を下回る企業を小型企業と認定し，適用が開始されています。小型企業も(1)の企業会計準則を選択適用することが可能ですが，新準則を採用後に小企業会計準則に変更することはできません。

親会社が日本を含む海外で上場する外資系子会社であっても，小型企業に該当すれば小企業会計準則の適用は可能です。ただし，中国国内の統括会社の子会社である場合には，小型企業であっても小企業会計準則を採用することはできません。

2 財務諸表

財務諸表には次のものが含まれます。

財務諸表の各項目名は定められており，任意に設定することはできません（会計科目の細目は任意に設定可能です）。また，財務諸表は年度ごとに作成する必要があり，そのうち貸借対照表と損益計算書については毎月の作成が求められています。

(1) 企業会計準則

①貸借対照表，②損益計算書，③キャッシュ・フロー計算書，④所有者持分増減変動計算書，⑤注記事項

(2) 小企業会計準則

①貸借対照表，②損益計算書，③キャッシュ・フロー計算書

3 会計監査

中国における会計監査は年度監査と呼ばれ，外商投資企業は年度の財務諸表

について中国公認会計士による監査を受ける必要があります。また，監査報告書は，企業所得税（法人税）年度確定申告や外商投資企業の聯合年報^(注)の際に提出を求められることがあります。

(注) 聯合年報（全国外商投資企業年度投資経営情報聯合年報）とは，経営状況を財政部などの当局に報告する制度をいいます。

4　税金の種類

図表3-18　中国主要税目

種別	税目	内容	日本で相当する税目
流通税	増値税	付加価値税に相当 物品販売・加工業務，役務提供，無形資産・不動産の譲渡・貸付，建築，輸送等の取引	消費税
	消費税	酒類，タバコ，乗用車，ガソリン等の奢侈品	旧物品税，酒税，たばこ税等
	関税	課税対象品の輸出入	関税
所得税	企業所得税	企業所得	法人税
	個人所得税	所得種類ごとに税率が異なる 給与所得は累進課税・月次確定申告	所得税
財産行為税	印花税	課税文書（契約書），認可証，会計帳簿	印紙税
	契税	土地使用権および建物の売買，贈与，交換等	不動産取得税
	車船税	車両および船舶の所有および賃貸行為	自動車税
	房産税	不動産の所有および賃貸行為	固定資産税
	車両購置税	車両の購入	自動車取得税
特別目的税	土地増値税	国有土地使用権および建物・附属設備の譲渡	土地譲渡重課税
	都市維持建設税	納税流通税（増値税・営業税・消費税）	都市建設税
資源税	資源税	原油・天然ガス等の開発および生産・従量税	石油ガス税 揮発油税

(注) この他，非財政収入として教育費附加などの微収があります。

日本の消費税（付加価値税）に相当する流通税は増値税です。かつては役務提供や無形資産の譲渡などに対しては営業税が課せられていましたが，2016年5月より増値税課税に一本化されています。なお，中国の消費税は酒，たばこ，化粧品，貴金属，乗用車等の特定商品に課せられる奢侈税で，日本の旧物品税，酒税などの間接税に相当します。

5 企業所得税

日本の法人税に相当する税金で，基本税率は25％です。2008年1月1日施行の「企業所得税法」と「企業所得税法実施条例」を基本法としています。2008年には移転価格税制やコストシェアリング契約など国際税務に関連する規定を盛り込んだ「特別納税調整実施弁法（試行）」も施行されていましたが，2016年6月以降新たな公告が次々に公布され，当該弁法のうち移転価格に関する条項は2017年4月末までに全て廃止されています（詳細は**9**中国における移転価格税制を参照）。

(1) 納税義務者

納税義務者は，居住企業と非居住企業に区分されます。居住企業は全世界所得に対し，非居住企業は限定された所得に対し納税義務を負います。

① **居住企業**

居住企業には次の2つがあります。

　ⅰ）中国の法律により中国国内において設立された企業（外商投資企業を含む）

　ⅱ）外国（地域）の法律により設立されているが，実際の管理機構が中国国内に所在している企業など

② **非居住企業**

非居住企業は，外国（地域）の法律により設立された企業等で，かつ実際の管理機構が中国国内に所在していない企業であるもののうち次の2つの企業等

を指します。

　ⅰ）中国国内に機構・場所を設けている企業など

　ⅱ）中国国内に機構・場所を設けていないが，中国国内源泉所得を有する企業など

(2) 課税所得の範囲

　納税義務者の区分により，課税所得の範囲は次のとおりとなります。

① 居住企業

中国国内源泉所得および中国国外源泉所得

② 非居住企業

中国国内源泉所得

ただし，中国国内に機構・場所を設けている企業などは，その機構・場所と実質的な関係を有する中国国外源泉所得についても課税の対象となります。

(3) 税率と税額の計算

　基本税率は25％です。また，図表3-19に掲げる一部の企業に対しては，基本税率以外の軽減税率が適用されます。

図表3-19　企業所得税の軽減税率

	軽減税率
小規模薄利企業	20％(注)
ハイテク企業	15％
中国国内に機構・場所を有しない非居住企業	10％

（注）2017年6月末時点では，2019年12月31日までは所定の要件を満たす場合，課税所得額を50％減額できるとされ，実質10％の税率。

(4) 課税所得の計算

　課税所得額は発生主義の原則に基づき，次の計算式で求められます。

> 課税所得額＝収入総額－非課税収入－免税収入－各種控除－繰越欠損金

① **各種控除**

　収入から控除できる各種控除とは，企業の生産経営活動に関連のある合理的な原価，費用，税金費用およびその他の支出を指します。控除できる費用限度額が定められている費用の限度基準は図表3-20のとおりです。

図表3-20　控除項目および限度額

控除項目	控除基準限度額
従業員福利支出	給与総額の14％
労働組合（工会）経費	給与総額の2％
従業員教育経費	給与総額の2.5％（超過部分は翌年以降に繰越可）
接待交際費	発生額の60％か年度売上高の0.5％のいずれか少ない方
広告費および業務宣伝費	年度売上高の15％（超過部分は翌年以降へ繰越可）
寄附金支出	年度利益総額の12％

　また，引当金計上による控除は認められません。貸倒れが発生した場合は，所定の形式により申告を行うことにより損失処理が可能となります。

② **繰越欠損金**

　税務上の欠損金は5年間繰越可能で，将来の所得と相殺することが可能です。

(5) 申告・納税

　企業所得税の納税年度は1月1日から12月31日です。通常は四半期ごとにその末日の翌月15日までに予納申告を行い，翌年5月末までに確定申告を行います。

6　個人所得税

　基本となる法律は，2006年1月1日施行の「個人所得税法」および2008年3

月1日施行の「個人所得税法実施条例」です。個人の所得を10種類に分類し，それぞれの所得に対する税額を個別に求める制度です。本書では10種類の所得のうち外国人に最も関わりのある賃金給与所得を中心に説明します。

(1) 所得の種類

所得の種類は図表3-21の10種類および国務院財政部門が課税を定めたその他の所得と規定されています。

図表3-21 個人所得税 所得項目

種類	課税方式	税率
賃金給与所得	累進課税	3%～45%
個人経営者の生産・経営所得	累進課税	5%～35%
企業・事業単位に対する請負経営・リース借受経営の所得	累進課税	5%～35%
役務報酬所得	定率課税	20%
原稿料所得	定率課税	20%
特許権使用料所得	定率課税	20%
利子・配当所得	定率課税	20%
財産賃貸所得	定率課税	20%
財産譲渡所得	定率課税	20%
臨時所得	定率課税	20%

税額の計算方法は所得の種類ごとに分離課税方式で計算します。

外国人が納付する個人所得として代表的なものである賃金給与所得については，最高税率45%の累進課税により計算され，日本と異なり基礎控除額が少なく所得控除額もほとんどないため，一般に日本に比べ税負担は重くなります。

(2) 納税年度

暦年（毎年1月1日～12月31日）が1納税年度となります。

(3) 納税義務者と課税所得の範囲

納税義務者を中国国内における住所の有無と滞在期間により区分して，図表3-22のとおりそれぞれの課税所得の範囲を定めています。

住所とは，戸籍，家庭，経済的利益関係によって中国国内に習慣的に居住することと定義されていますが，通常一般の外国人は滞在期間により納税義務と課税所得の範囲が判断されます。

図表3-22　滞在期間と課税所得

滞在期間	中国国内源泉所得		中国国外源泉所得	
	国内組織支払あるいは負担	国外組織支払あるいは負担	国内組織支払あるいは負担	国外組織支払あるいは負担
183日以内	課税	免税	課税なし	課税なし
183日超，1年未満	課税	課税	課税なし	課税なし
1年以上，5年以内	課税	課税	課税	実質課税なし
5年超	課税	課税	課税	課税

日本から赴任する場合，中国の現地法人から中国で給与が支給されると同時に，日本の親会社から日本で給与が支給されるケースもあります。この場合，日本の親会社が支給する給与の源泉（労働の対価）は中国での勤務となるため，日本法人が日本国内で支払ったものであっても，中国で支給された給与と合わせ中国の個人所得税の課税対象となります。

(4) 賃金給与所得

① 申告納税方法

源泉徴収義務者である賃金給与を支払う者，もしくは納税義務者である個人が，毎月，賃金給与所得に対する納税額を計算して，翌月15日までに申告および納税を行います。日本と異なり申告納付は毎月完結します（年収ベースに戻して再計算することはありません）。したがって日本のような年末調整制度はありません。

② 税額の計算方法

ⅰ）個人負担方式

税込みの給与総額から個人所得税額を求める計算方法

> 計算式：（税込給与額－基礎控除額）×適用税率－速算控除額

ⅱ）会社負担方式

手取り額を保証し個人所得税は実質会社が負担するようにするため税引後の手取り額から個人所得税額を求める計算方法

> 計算式：（税抜給与額－基礎控除額－速算控除額）÷（１－適用税率）
> 　　　　×適用税率－速算控除額

適用税率・速算控除額は図表３-23の税率表の数字を用いて計算します。

また，基礎控除額は外国人は4,800元，一般の中国人は3,500元です。配偶者控除・扶養控除などの各種人的控除はありません。

図表３-23　個人所得税　税率表

個人負担方式（＝税込）		会社負担方式（＝手取）		税　率	速算控除額
下限（超）	上限（以下）	下限（超）	上限（以下）		
0元	1,500元	0元	1,455元	3%	0元
1,500元	4,500元	1,445元	4,155元	10%	105元
4,500元	9,000元	4,155元	7,755元	20%	555元
9,000元	35,000元	7,755元	27,255元	25%	1,005元
35,000元	55,000元	27,255元	41,255元	30%	2,755元
55,000元	80,000元	41,255元	57,505元	35%	5,505元
80,000元	－	57,505元	－	45%	13,505元

③ 賞与の個人所得税

賞与については，年間一回性賞与に該当する場合，年に１回のみ優遇的な計算方法にて個人所得税を計算することができます。

＜計算方法＞

納税者が取得する年間一回性賞与は，1か月分の賃金給与所得として単独で個人所得税を計算し納税します。具体的には，当月に取得する年間一回性賞与を12か月で割り，その商に対応する図表3-23の税率表の税率および速算控除額を求め，年1回性賞与から当月分の未消化の基礎控除額を差し引いた金額を適用して計算します。

7 増値税

基本となる法律は，2009年1月1日施行の「増値税暫行条例」と「増値税暫行条例実施細則」および2016年5月1日施行の「営業税の増値税転換試行実施弁法」となります。増値税はいわゆる付加価値税に該当します。仕入税額控除を行う際は，税務当局が規定する正式なインボイス（専用発票）等を取得する必要があります。

かつては加工・修理以外のサービスには営業税が課税されていましたが，2012年1月から地域と課税項目を拡大しながら徐々に全国展開してきた増値税改革試行プログラム（「営改増」）が，2016年5月1日をもって全面実施され，現在は物品の販売および輸入・サービスの提供および輸入などすべての取引に増値税が課税されることになりました。

(1) 納税義務者

中国国内で増値税課税取引を行う者（会社などの組織および個人を含む）とされ，中国国内で行われる取引については中国国外の者の行為であっても増値税の納税義務が生じます。

・中国国内で物品を販売，または加工や修理サービスを提供する者および物品を輸入する者

　国内の判定：
- 　　✓ 物品販売の発送地または所在地が国境内にあること。

✓　提供する課税サービスが国境内で発生すること。
・サービス，無形資産，不動産の販売を行う者
　　国内の判定：
　　✓　サービスもしくは無形資産の販売者または購入者が中国国内にいること。
　　✓　販売またはリースする不動産が中国国内にあること。
　　✓　自然資源使用権を販売する場合，自然資源使用権が中国国内にあること。

(2)　課税範囲

増値税の課税範囲は図表3-24のとおりです。

図表3-24　増値税の課税範囲

課税取引	説　明	
物品の販売	有形動産および電力・火力・ガスの販売	
加工，修理補修サービス	加工：原材料および主要材料の提供を受けて製造し加工賃を受け取る受託加工業務	
	修理補修サービス：損傷・機能喪失物品に対する修復・現状回復の為の補修	
貨物の輸入	－	
サービスの販売	交通運輸サービス：陸路運輸，水路運輸，航空運輸，パイプ運輸，鉄道輸送	
	郵便サービス：普通郵便，特殊郵便，その他郵便サービス	
	電信サービス：基礎電信，付加価値電信	
	建築サービス：工事，据付，修繕，装飾，その他建築サービス	
	金融サービス：貸付，有料金融，保険，金融商品の譲渡	
	現代サービス：研究開発,情報技術,文化・創意,物流サポート，有形動産リース，鑑定・コンサルティング，放送・映像，ビジネスサポート，不動産リース，その他現代サービス	

無形資産の販売	生活サービス:文化・体育,教育・医療,旅行・娯楽,飲食・宿泊,住民日常,その他生活サービス	
	技術:専用技術,非専用技術	
	商標,著作権,のれん	
	その他権益性無形資産の使用権	
	自然資源使用権:海域使用権,採鉱権,探鉱権,取水権,その他自然資源使用権,土地使用権	
不動産の販売	建築物	
	構築物	

(3) 税　率

増値税の税率は図表3-25のとおりです。

図表3-25　増値税の税率

分　類	課税行為		税　率
物品の販売	物品の販売・貨物の輸入(以下に掲げるものを除く)		17%
	農産品(穀物を含む),水道水,暖房,石油液化ガス,天然ガス,食用植物油,冷房,熱湯,ガス,民用石炭製品,食用塩,農機,飼料,農薬,農業用フィルム,化学肥料,メタンガス,ジメチルエーテル,図書,新聞,雑誌,音響製品,電子出版物		11%
	貨物の輸出		0%
加工,修理・修繕			17%
サービスの販売	交通運輸サービス		11%
	郵便サービス		11%
	電信サービス	基礎電信役務	11%
		付加価値電信役務	6%
	建築サービス		11%
	金融サービス		6%
	現代サービス	不動産リース	11%
		有形動産リース	17%
		上記以外の現代サービス	6%
	生活役務		6%

無形資産の販売	技術		6%
	商標		6%
	著作権		6%
	のれん		6%
	その他権益性無形資産		6%
	自然資源使用権	下記以外の自然資源使用権	6%
		土地使用権	11%
不動産の販売	建物・構築物		11%

(4) 納税義務者の分類

納税義務者は連続12か月間の課税売上高の金額により，下記のように一般納税人と小規模納税人の2つに分類されます。

図表3-26　増値税年間課税売上高による違い

12か月間の課税売上高		分　類	税　率
製造業/加工・修理サービス	50万元超	一般納税人	上記税率表を参照
	50万元以下	一般納税人 （自ら申請し認められた場合）	
		小規模納税人	3%
卸売り/小売り	80万元超	一般納税人	上記税率表を参照
	80万元以下	一般納税人 （自ら申請し認められた場合）	
		小規模納税人	3%
課税サービス	500万元超	一般納税人	上記税率表を参照
	500万元以下	一般納税人 （自ら申請し認められた場合）	原則3%

連続12か月間の課税売上高が基準額以下であっても，税務当局に申請することにより一般納税人資格を得ることは可能です。ただし，一度一般納税人となると，再び小規模納税人に戻ることはできません。

(5) 源泉徴収義務者

中国国外の法人等で，中国国内に経営機構を設けていない者が，中国国内で増値税の課税サービスを行った場合には，中国国内の代理人が源泉徴収義務者となります。代理人がいない場合には，中国国内でサービスを受ける者が源泉徴収義務者となります。

(6) 税額計算
① 一般納税人

> 納税額＝売上増値税額－仕入増値税額
> 　　　＝税抜売上額×税率－物品購入，役務提供により取得する専用発票に明記された仕入税額

② 小規模納税人

> 納税額＝（売上高×100／103）×3％＝税抜売上高×3％

（注）不動産のリース，販売に関しては5％の徴収率が適用されます。

(7) 申告・納税
① 申告納税期限

基本的に月単位で毎月申告納税を行います。都市部では電子申告が一般的です。申告・納付期限は翌月15日までとなっています（地域により納税期限が異なる場合もあります）。輸入の場合の納税期限は，税関が税関輸入増値税専用発票を発行した日から15日以内となります。

② 納税地

その機構の所在地で納税申告を行い，本店と支店が同一の市（県）にない場合には，それぞれの所在地で申告納税を行います。

(8) 輸出還付

一般納税人が物品の輸出を行った場合には,輸出した物品に係る仕入増値税の還付適用を受けることが可能です。ただし,仮に全売上が輸出である場合,輸出物品に係る仕入増値税額は本来全額還付されるべきですが,中国ではその輸出品目ごとに還付率(0〜17%)が定められており,還付率が仕入増値税率(標準17%)を下回る場合にはその差額は還付されず,その金額は企業のコストとなる仕組みとなっています。

この還付率は政策的に度々変更されており,輸出企業にとっては留意が必要です。

8 中国と他国との租税条約

(1) 中国と他国との租税条約

中国では改革開放政策以後,経済成長に伴う諸外国との二重課税回避と脱税防止を目的に1983年,初めての租税条約を日本との間で締結しました。その後2017年6月末現在,102か国と租税条約を締結しています(効力未発効を含む)。また,「一国二制度」である香港およびマカオとの間には,租税条約と同等の租税協定を締結しています。近年では先進国・新興国以外のエネルギー資源が豊富な国々との間で租税条約の締結を進める傾向が見られ,資源確保を睨んだ外交政策の手段としての側面も感じられます。

(2) 日本と中国間の租税条約

① 適用範囲

上述のとおり,日中間では1983年に日中租税条約が締結され,ここで取り決められている取扱いは,原則として国内法に優先されます。適用の対象となる税金は,日本では所得税・法人税・住民税,中国では個人所得税・企業所得税が対象となり,日本の消費税,中国の増値税等の流通税は対象にはなりません。

② 各種規定

配当・利子・使用料については図表3-27のとおりです。

図表3-27　日中租税条約　配当・利子・使用料

所得の種類	制限税率	摘要
配当	10%	親子関係での軽減税率の適用はありません。
利子	一部を除き10%	受益者が政府関連機関である場合，または受益者の居住地側の政府機関に保証された債権に支払われる場合に免税，その他の場合は10%が適用されます。
使用料※	10%	すべての使用料について適用されます。

※ 使用料とは，文学上，美術上もしくは学術上の著作物の著作権，特許権，商標権，意匠，模型，図面，秘密方式もしくは秘密工程の使用もしくは権利の対価として，産業上，商業上もしくは学術上の設備の使用もしくは使用の権利の対価として，または産業上，商業上もしくは学術上の経験に関する情報の対価として受領するすべての種類の支払金を指します。

③ 恒久的施設

租税条約では，一方の国の企業の事業所得の利益に対する課税として，その企業が他方の国にある恒久的施設（事業を行う一定の場所であり企業がその事業の全部または一部を行っている場所）を通じてその他方の国において事業を行わなければその他方の国では課税されない，と規定されています。

逆に言えば，非居住者である日本の企業が中国国内に恒久的施設を有する場合は，中国の企業所得税法による納税の必要が生じることになります。

恒久的施設とは，事業を行う一定の場所であり企業がその事業の全部または一部を行っている場所を指し，日中租税条約では図表3-28のように取り扱われています。

図表3-28　日中租税条約　恒久的施設

恒久的施設に含まれるもの	・事業の管理場所，支店，事務所，工場，作業場 ・鉱石，石油またはその他の天然資源の採掘場所

	・6か月を超える建築工事現場または建設，組立工事もしくは据付工事もしくはこれらに関連する監督活動 ・連続する12か月間に連続あるいは累計で6か月を超えるコンサルティング役務活動 ・従属的な地位にある者を代理人として継続して契約締結や注文活動を行うこと（代理人PE）
恒久的施設に含まれないもの	・企業に属する物品または商品の保管，展示または引渡しのためにのみ施設を使用すること ・企業に属する物品または商品の在庫を保管，展示または引渡しのためにのみ保有すること ・企業に属する物品または商品の在庫を他の企業による加工のためにのみ保有すること ・企業のために，物品もしくは商品を購入しまたは情報を収集することのみを目的として，事業を行う一定の場所を保有すること ・企業のために，その他の準備的または補助的な性格の活動を行うことのみを目的として，事業を行う一定の場所を確保すること

④ **短期滞在者の給与**

下記の3つの条件を満たす場合には，日本の居住者が中国国内における勤務による報酬を得たとしても，中国にて個人所得税を納付する必要はありません。

> ⅰ）中国滞在期間が，暦年で年間183日以内であること（通称「183日ルール」(注)）
> ⅱ）報酬が中国国外の雇用主またはこれに代わる者から支払われるものであること
> ⅲ）報酬が雇用者の中国国内の恒久的施設または固定的施設によって負担されるものでないこと

(注) 183日ルール（日中租税条約　第15条第2項）
　中国の個人所得税法では，中国国内源泉所得であっても，非居住者個人の中国国内滞在が暦年90日以内である場合には，上記ⅱ），ⅲ）の要件を満たす部分については個人所得税の納税を免除するとしていますが，日中間においては，日中租税条約の規定により，その基準が183日となります。

(3) 香港と中国間の租税協定

本章第2節**8**(3)を参照ください。

9 中国における移転価格税制

(1) 概　要

　現行の中国の企業所得税法では「特別納税調整」の章が設けられ，移転価格税制の他，関連者間の費用分担，事前確認制度，企業年度関連業務往来報告表および同時文書の作成・提出，タックスヘイブン対策税制，過小資本税制などの関連者取引に関わる事項が定められています。

(2) 移転価格税制に関する規定

　中国においては，2008年1月に移転価格税制の実務上のガイドライン規定として「特別納税調整実施弁法（試行）（国税発[2009]2号）」が施行されていましたが，近年の多国籍企業による租税回避行為に対処するために，2016年度以降の会計年度においては，経済協力開発機構（OECD）による共同プロジェクトであるBEPS行動計画を反映した新しい規定^{（注）}が適用されることになりました。

（注）2016年6月29日《関連申告および同時文書管理の完備に関連する事項に関する公告》（国家税務総局公告2016年第42号）

　　　2016年10月11日《事前確認の規範化に関する公告》（国家税務総局公告2016年第64号公告）

　　　2017年3月17日《特別納税調整および相互協議手続管理弁法公布に関する公告》（国家税務総局公告2017年第6号）

(3) 関連者の定義

　関連者は国家税務総局公告2016年第42号に以下のとおり規定されています。なお，これらの関連関係が年度内に変化した場合は，②を除き，実際の存続期間に基づいて認定されます。

① **出資割合**

一方が直接または間接的に他方の持分の25％以上保有する場合，または，双方が直接または間接的に同一の第三者に25％以上保有されている場合。

一方が中間者を通じて他方に対して間接的に持分を保有する場合で，その中間者の持分に対する比率が25％以上のときは，その他方の持分に対する比率は中間者の他方に対する持分の比率に基づき計算する。また，二人以上の夫妻・直系親族・兄弟姉妹及びその他の養育・扶養関係を有する自然人が共同で同一企業の持分を保有する場合は関連関係を判定する際に持分比率を合算する。

② **貸借関係**

双方に持分関係が存在する，または同一の第三者に持分を保有されている場合で，双方間の貸借資金総額がいずれか一方の実収資本の50％以上を占める，または一方の全ての貸借資金総額の10％以上が他方に保証されている。

③ **無形資産を通じた支配関係**

双方に持分関係が存在する，または同一の第三者に持分を保有されている場合で，一方の正常な生産経営活動が他方の提供による特許権・非特許技術・商標権・著作権等の特許権に依存している。

④ **購買・販売の支配関係**

双方に持分関係が存在する，または同一の第三者に持分を保有されている場合で，一方の購入・販売・役務受領・役務提供等の経営活動が他方により支配されている。

⑤ **人的支配関係**

一方の半数以上の董事または半数以上の高級管理人員が他方から任命または派遣されている，あるいは同時に他方の董事または高級管理人員を務めている場合，もしくは双方のそれぞれ半数以上の董事または半数以上の高級管理人員が同一の第三者により任命または派遣されている場合。

⑥ **個人関係**

夫妻・直系親族・兄弟姉妹及びその他養育・扶養関係を有する二人の自然人がそれぞれ双方と上記①から⑤の関係のいずれかを有する場合。

⑦ その他の実質的利益関係

(4) 企業年度関連業務取引報告書

中国では，企業所得税の確定申告書を提出するすべての企業に対し，企業とその関連者との間の取引状況を記載した「企業年度関連業務取引報告書」の添付を義務づけています(注)。

(注) 中国企業が，多国籍企業の最終持株会社であり，かつ，前事業年度の連結売上高が55億人民元を超える場合及び多国籍企業グループによって国別報告書の提出企業に指定された場合には，国別報告も記入しなければならないとしています

(5) 同時文書の準備

企業所得税法においては，所定の要件を満たす企業は関連者間取引の関連資料である「同時文書」を準備し，税務機関の求めに応じて提出しなければならないとしています。新制度においては，同時文書として①マスターファイル②ローカルファイル③特殊事項ファイルの3種類の文書の準備を要求しています(注)。

(注) 従前はローカルファイルのみを要求していました。なお，2016年の改正により，従来は同時文書として作成していた一部資料，および国別報告書が「企業年度関連業務取引報告書」に組み入れられました。

図表3-31 同時文書

作成文書	準備要件	主な開示内容	準備期限
マスターファイル	・クロスボーダー取引が発生し，かつ当該企業の財務諸表を連結する最終持株企業の属する企業グループが既にマスターファイルを準備している。 ・関連者間取引総額が10億元を超える。	組織構造，企業グループの業務，無形資産，融資活動，財務および税務の状況	最終持株企業の会計年度終了日から12か月内

ローカルファイル	・有形資産の所有権の譲渡金額が2億元を超える。 ・金融資産の譲渡金額あるいは無形資産の所有権の譲渡金額が1億元を超える。 ・その他の関連者間取引の合計金額が4000万元を超える。	企業の概要，関連関係，関連者取引，比較可能性分析，移転価格算定方法および使用。	該当年度の翌年6月30日まで
特殊事項ファイル	コストシェアリング協議を締結または実施する。	協議書の副本，各参加者への分配方式，コスト総額および構成状況，予想と実際収益との比較等	同上
	関連者の債権権益資本比率が基準比率を超えている。	企業の返済能力や起債能力に対する分析，企業の権益性投資の変動状況，関連債券性投資の融資条件等	

(注) 事前確認（APA）制度を利用する場合には，マスターファイルとローカルファイルの作成不要。関連者間取引が国内関連者との取引のみである場合すべての同時文書の作成不要。
　なお，同時文書は税務機関の要求日より30日内に提供しなければならない。

第4章

留意すべき日本の「外国子会社合算税制」

日本企業が海外統括会社を香港やシンガポール等の軽課税国等に設立する場合に，最も注意しなければならないのは，日本の外国子会社合算税制（タックス・ヘイブン対策税制）です。この制度が適用されると，海外統括会社の所得は，日本で合算課税を受け，その本店所在地国における税制メリットを享受できないこととなります。

実体のある統括会社が合算対象とされてしまう問題に対処するため，外国子会社合算税制については，平成22年度改正において，新たに「統括会社」と「被統括会社」の定義を設けて，本制度における経済活動基準（旧「適用除外基準」）の緩和が図られました。これにより，日本企業が軽課税国等に設立した事業持株会社や物流統括会社は，基本的に本制度の適用対象から外されました。

日本企業にとって，海外統括会社の有効利用が容易となったわけですが，外国子会社合算税制による合算課税のリスクや経済活動基準の詳細等について，理解しておく必要があります。

以下，本章においては，海外統括会社と深い関わりがあるこの「外国子会社合算税制」に関して解説を行うこととします。

なお，日本の居住者である個人にも「外国子会社合算税制」が適用されますが，本書においては，日本法人に係る「外国子会社合算税制」について解説することとします。

第1節　外国子会社合算税制の概要

外国子会社合算税制は，日本法人が軽課税国等にある実体のない外国法人を利用して，その外国法人に利益を移転することで日本での課税を回避する行為を防止する目的で設けられた制度です。

昭和53年度改正において「タックス・ヘイブン対策税制」という呼び名で創設されましたが，平成16年度改正の解説から「外国子会社合算税制」という名称が用いられています。

　平成21年度改正において，「外国子会社配当益金不算入制度」が導入されたことに伴い，本制度による合算対象となる金額は，従来の「留保金額」から，配当等を控除する前の「所得金額」に変更されました。

　平成22年度改正においては，トリガー税率の引下げ，適用法人の株式保有割合要件の割合の引上げ，統括会社に係る経済活動基準の緩和のほか，新たに受動的所得（旧「資産性所得」）を合算課税する仕組みが創設されました。

　また，平成27年度改正においては，トリガー税率の引下げ，被統括会社の範囲の拡大と統括会社の定義，及び損金算入配当の取り扱いが見直されました。

　そして，平成29年度改正においては，租税回避行為を的確に抑制するとともに，日本の海外展開を阻害しないような制度とする目的で，適用対象法人の判定方法や，経済活動基準の要件，部分合算課税の対象所得の範囲等について，総合的な見直しが行われました。

　こうした近年の一連の大改正により，現在では，日本法人に係る外国法人のすべての所得を課税対象とする仕組み（会社単位合算課税制度）とその受動的所得のみを課税対象とする仕組み（受動的所得部分合算課税制）が並存する状態となっています（図表4-1参照）。

　前者は，日本資本が50％超の外国法人（外国関係会社）で，租税負担割合30％未満かつペーパーカンパニー等に該当するもの（特定外国関係会社）に関して，あるいは租税負担割合20％未満かつ経済活動基準を全て満たさないもの（対象外国関係会社）に関して，その所得（適用対象金額）のうち，日本法人の持分に相当する金額（課税対象金額）をその日本法人の収益の額とみなして課税を行うものです。

　後者は，前者の適用がない外国関係会社のうち，一定金額以上の受動的所得を有する者に対して，その受動的所得の日本法人の持分に相当する金額（部分課税対象金額）をその日本法人の収益の額とみなして課税を行うものです。

図表4-1　外国子会社合算税制の概要

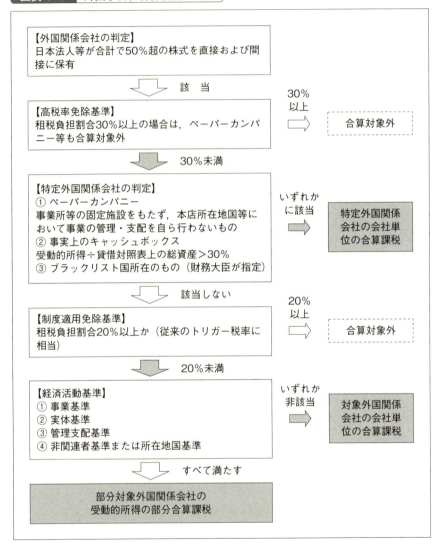

　以下では，本制度の適用対象となる日本法人および外国法人，会社単位合算課税制度に係る経済活動基準や課税対象金額の計算，受動的所得部分合算課税

制度の詳細等について，平成29年度改正を踏まえた上で，順を追って説明します(注)。

(注) なお，平成29年度改正については，外国関係会社の平成30年4月1日以後に開始する事業年度から適用されます。日本法人と外国関係会社がともに3月決算の場合は株主等である日本法人の平成32年3月決算から適用されることになります。

(注) 外国関係会社の株式等の10％以上を保有する日本法人に限ります。

第2節　適用対象となる日本法人

　本制度の適用対象となる法人は，次に掲げる日本法人に限定されています（租税特別措置法（以下「措法」）66の6①一〜四）。

---

(1)　外国関係会社の発行済株式等（自己の株式等を除きます）のうち10％以上の株式等を直接および間接に保有する日本法人

(2)　外国関係会社との間に実質支配関係がある日本法人

(3)　日本法人との間に実質支配関係がある外国関係会社の他の外国関係会社の発行済株式等（自己の株式等を除きます。）のうち10％以上の株式等を直接および間接に保有する日本法人（上記①に該当するものを除きます。）

(4)　発行済株式等のうち10％以上の株式等を直接および間接に保有する一の同族株主グループに属する日本法人（上記(1)(3)に該当するものを除きます。）

　例えば，図表4-2において，外国関係会社Ｓに対する直接保有割合が10％以上である日本法人Ａは，当然，本制度の適用対象法人となりますが，自己の保有割合が10％未満でも，合計保有割合が10％以上である同族株主グループに

図表4-2　適用対象となる日本法人

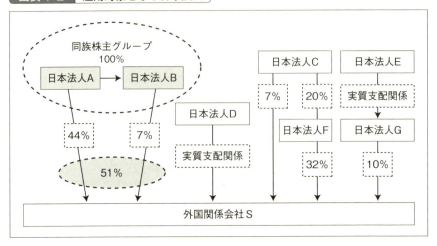

属する日本法人Ｂも，本制度の適用対象法人となります。

　また，直接保有割合7％と間接保有割合6.4％（20％×32％）を合わせた保有割合[注]が13.4％（7％＋6.4％）である日本法人Ｃも，本制度の適用対象法人となります。

　さらに，実質支配関係にある，具体的には外国関係会社Ｓの残余財産のおおむね全部について分配を請求する権利を有している日本法人Ｄも，本制度の適用対象法人となります。

　例えば，図表4-3では，日本法人ＡがブローカーＢを経由し，海外ＳＰＣ"Ｃ"に対して実質的な支配関係を有しているため，海外ＳＰＣ"Ｃ"は日本

図表4-3　実質支配基準

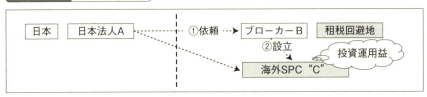

〔出典〕政府税制調査会「財務省説明資料（国際課税）（2016年10月14日）」を基に作成

法人Aの外国関係会社に加えられるとともに，日本法人Aは合算課税の対象となる者に加えられることになります。
(注)「保有割合」には，直接保有割合のほか，日本法人が他の外国法人を介して判定対象となる特定・対象・部分対象外国関係会社の株式等を保有する場合の間接保有割合も含まれます。

加えて，実質支配関係がある外国法人Gの外国関係会社Sに対する直接保有割合が10％以上である日本法人Eについても，本制度の適用対象法人となります。

1 同族株主グループ

「同族株主グループ」は，外国関係会社の株式等を直接または間接に保有する者およびその株式等を直接または間接に保有する者との間に実質支配関係がある者のうち，一の居住者または日本法人およびその一の居住者または日本法人との間に実質支配関係がある者およびその一の居住者または日本法人と特殊の関係のある者（外国法人を除く）である個人(注1)または法人(注2)とされています（措法66の6①四）。

(注1) 居住者の親族，使用人，居住者と事実上婚姻関係にある者，居住者から受ける金銭その他の資産によって生計を維持している者およびその生計を一にするこれらの者の親族，日本法人の役員およびその役員に係る特殊関係使用人（租税特別措置法施行令（以下「措令」）39の14⑥一）。

(注2) 一の居住者または日本法人および特殊の関係のある個人が他の法人を支配している場合における当該他の法人，特殊の関係のある法人が他の法人を支配している場合における当該他の法人等（措令39の14⑥二）。

特殊の関係のある者からは，外国法人が除かれていますが，「非居住者である個人」が含まれていることに注意する必要があります。

非居住者自身は本制度の適用対象者とされることはないわけですが，同族株主グループの保有割合の計算においては，その持分を考慮しなければならない，ということです。

例えば、次の図表4-4は、居住者甲、日本法人Aのほか、非居住者乙も同族株主グループの範囲内に含まれます。

図表4-4　同族株主グループの範囲

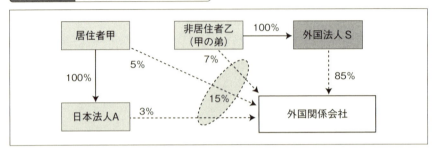

よって、日本法人Aは、自己の直接保有割合が3％しかありませんが、合わせた保有割合が10％以上の同族株主グループ（甲5％＋A3％＋乙7％＝15％）に属しているため、本制度の適用対象法人となります。

2　判定時期

日本法人が外国子会社合算税制の適用対象となる法人に該当するか否かの判定は、その日本法人に係る特定外国関係会社・対象外国関係会社・部分対象外国関係会社の各事業年度終了の時の現況によるものとされています。

第3節　適用対象となる外国法人

外国子会社合算税制の適用対象となる外国法人は、日本の居住者または日本法人等に支配されている「外国関係会社」に該当し、かつ、ペーパーカンパ

ニー等に該当する「特定外国関係会社」，もしくは，「外国関係会社」に該当し，かつ租税負担が著しく低い国または地域に所在する「対象外国関係会社」，あるいは，「外国関係会社」に該当し，受動的所得を有する「部分対象外国関係会社」に該当する法人とされています（図表4-5参照）。

図表4-5　適用対象となる外国法人

1　外国関係会社

「外国関係会社」とは，外国法人で，その発行済株式等（自己株式等を除く）のうち居住者および日本法人ならびに特殊関係非居住者(注)が直接および間接に保有する割合が50％を超えるもの，および居住者または日本法人との間に実質支配関係があるものをいいます（措法66の6②一）。

一言で言えば，日本資本が50％超の外国法人ということになりますが，日本資本が50％超か否かの判定については，国外に居住する親族等にその株式等を分散保有することが懸念されるため，居住者，日本法人のほか，「特殊関係非居住者」(注)の持分も考慮されることとなっています。

(注) 特殊関係非居住者
　　居住者以外の個人で，居住者の親族や使用人，居住者と事実上婚姻関係にある者，居住者から受ける金銭その他の資産によって生計を維持している者，居住者と生計を一にするこれらの者の親族，日本法人の役員およびその役員と特殊関係使用人とされています。

例えば，図表4-6では，外国法人Sに対する日本資本が50％超か否かの判

定においては，居住者甲，日本法人Aのほか，特殊関係非居住者乙（日本法人Aの役員）の持分も含めて判定しなければなりません。

図表4-6　外国関係会社の判定

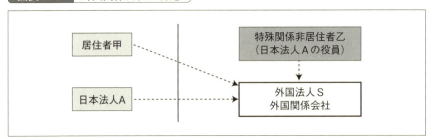

なお，外国関係会社の間接保有割合の判定においては，適用対象となる日本法人の間接保有割合の判定に用いた「掛け算方式」ではなく，50％超の株式等の保有を通じた連鎖関係があるかどうかで判定をしますので注意が必要です(注)。
(注) 平成29年度改正によってこれまで用いられていた「掛け算方式」から連鎖関係での判定へ変更されました。

図表4-7においては，日本法人Aと外国法人Dとの間には，A－B（100％），

図表4-7　間接保有割合の判定

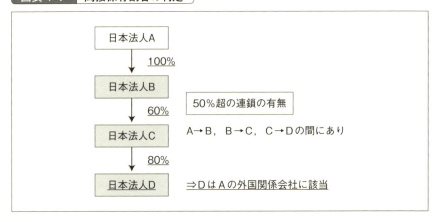

B－C（60％），C－D（80％）と50％超の連鎖関係があるため，外国法人Dは日本法人Aの外国関係会社に該当することとなります。

なお，外国法人が外国関係会社に該当するかどうかの判定は，その外国法人の各事業年度終了の時の現況によるものとされています。

2 特定外国関係会社

特定外国関係会社とは，外国関係会社のうちペーパーカンパニー等の判定基準に該当するものをいい，会社単位合算課税の対象とされます。

(1) 特定外国関係会社の判定

ア　ペーパーカンパニー（措法66の6②二イ・③）

ペーパーカンパニーとは，以下の要件のいずれも満たさない外国関係会社をいいます。

> ①　主たる事業を行うに必要と認められる事務所等の固定施設を有していること
> ②　本店所在地国においてその事業の管理，支配及び運営を自ら行っていること

なお，国税当局の職員が日本法人にその外国関係会社が上記①または②の要件を満たすことを明らかにする書類等の提出を求めた場合において，期限までにその提出等がないときは，その外国関係会社は上記①または2の要件を満たさないものと推定されることになりますので，注意が必要です。

イ　事実上のキャッシュボックス（措法66の6②二ロ）

一定の受動的所得の割合が高い会社（事実上のキャッシュボックス）とは，以下の2つの要件を満たす外国関係会社をいいます。

> ① （利子・配当等・有価証券の譲渡損益等の受動的所得の合計額）÷総資産の額＞30％
> ② （有価証券，貸付金及び無形固定資産等の合計額）÷総資産の額＞50％

ウ　ブラックリスト国所在のもの（措法66の6②二ハ・⑭）

　ブラックリスト国所在のものとは，租税に関する情報の交換に非協力的な国または地域として財務大臣が指定する国または地域に本店等を有する外国関係会社をいいます。

(2) 高税率免除基準（会社単位合算課税の適用免除）（措法66の6⑤一）

　上記(1)アからウまでの特定外国関係会社に該当する場合であっても，租税負担割合が30％以上である場合には，会社単位合算課税の適用が免除されます。

　これは，日本の法人実効税率が約30％（29.97％）であり，合算課税を適用したとしても，「外国税額控除」を適用することで約30％相当を取り戻すことができるため，租税負担割合30％以上の場合を除外していると考えられます。

３　対象外国関係会社（措法66の6②三）

　対象外国関係会社とは「２　特定外国関係会社」に該当しない外国関係会社のうち，経済活動基準を満たさないもののことで，会社単位合算課税の対象とされます。

４　制度適用免除基準（措法66の6⑤二）

　対象外国関係会社の租税負担割合が20％以上である場合には，会社単位合算課税の適用が免除されます。これは，平成29年度改正によって廃止された「ト

リガー税率（租税負担割合20％以上で合算対象外）」と同様に，企業の事務負担の軽減を目的として設定されたものです。

5 租税負担割合の計算

租税負担割合は，次の図表 4-8 の算式により計算されますが，もう少し詳しく説明します。

図表4-8　租税負担割合

$$\frac{\text{外国関係会社の各事業年度の所得に対して課される\underline{租税の額}}}{\text{その外国関係会社の当該各事業年度の\underline{所得の金額}}}$$

(1) 分母となる所得の金額

分母となる所得の金額は，その外国関係会社の各事業年度の決算に基づく所得の金額につき，その本店所在地国の外国法人税に関する法令の規定により計算した所得の金額に，次の加減調整を加えた後の残額とされています（措令39の17の2②一）。

(注) 調整項目
① 非課税所得の金額（加算）
② 損金算入支払配当等の額（加算）
③ 損金算入外国法人税の額（加算）
④ 保険準備金の繰入限度超過額（加算）
⑤ 保険準備金の取崩し不足額（加算）
⑥ 益金算入還付外国法人税の額（減算）

なお，①の非課税所得の金額は，外国関係会社の本店所在地国の法令により外国法人税の課税標準に含まれないこととされる所得の金額とされていますが，非課税の配当等の額(注)は除かれます。

(注) 従来持株割合等一定の要件が設けられていましたが，平成23年6月の税制改正より，要件がなくなり，外国子会社等が受けるほぼすべての配当等の額が，非課税所得から除外されることとなりました。

(2) 分子となる外国法人税の額

分子となる外国法人税の額には，その外国関係会社の本店所在地国で課された租税のみならず，第三国で課された租税も含まれています（措令39の17の2②二）。ただし，平成29年度改正により，租税条約によるみなし納付外国法人税は含まれないこととなりました。

また，(1)の分母の計算において非課税所得の金額から除外される配当等の額に対して課される外国法人税の額は，分子の租税の額の計算からも除外されることとなります。

(3) 所得の金額がない場合の特例

分母の所得の金額がない場合または欠損の金額となる場合には，その行う主たる事業に係る収入金額から所得が生じたとした場合にその所得に対して適用されるその本店所在地国の外国法人税の税率（表面税率）により判定します（措令39の17の2②四）。

(4) 判定時期

租税負担割合の判定は，その外国関係会社の各事業年度終了の時の現況によることとされています。

第4節　経済活動基準

　適用除外基準と呼ばれていたものが，平成29年度改正によって経済活動基準と名称変更されました。

　「経済活動基準」は，軽課税国等に所在することに十分な経済的合理性があるかどうかを具体化したものであり，本制度の4つの基準（事業基準，実体基

図表4-9　経済活動基準

経済活動基準

① 事業基準
　主たる事業が次の特定事業でないこと
　・株式等の保有，債券の保有（事業持株会社の例外）
　・工業所有権等または著作権等の提供
　・船舶または航空機の貸付（例外あり）

② 実体基準
　本店所在地国等において主たる事業を行うのに必要と認められる事務所，店舗，工場等の固定施設を有していること

③ 管理支配基準
　本店所在地国等において，その主たる事業の管理，支配および運営を自ら行っていること

④ 非関連者基準または所在地国基準

非関連者基準	所在地国基準
非関連者取引の割合が50％を超えること（物流統括会社の例外）	その事業業を主としてその本店所在地国において行っていること

準，管理支配基準，非関連者基準または所在地国基準）から構成されています（図表4-9）。

租税負担割合が20％未満であり，経済活動基準を満たさない外国関係会社は，対象外国関係会社として会社単位合算税制に該当することとなります。従来の適用除外基準については，平成22年度・平成27年度改正において，統括会社に係る適用除外基準（事業基準，非関連者基準）の緩和が図られました。4つの経済活動基準を説明する前に，まず，統括会社等の概念から紹介します。

1 統括会社と被統括会社

(1) 統括会社

統括会社とは，次に掲げる要件をすべて満たす外国関係会社をいいます（措令39の14の3⑧）。

> ① 一の日本法人によってその発行済株式等の全部を直接または間接に保有されていること
> ② 二以上の外国法人を含む複数の(注1)被統括会社を有し，その被統括会社に対して統括業務を行っていること
> ③ その本店所在地国において統括業務に係る事務所，店舗，工場その他の固定施設を有していること
> ④ その本店所在地国において統括業務を行うに必要と認められるその統括業務に従事する者(注2)を有していること

（注1）平成27年度改正によって，二以上の「外国法人」である旨が要件に追加されました。
（注2）「統括業務に従事する者」
　「専らその統括業務に従事する者」に限るものとし，外国関係会社の役員およびその役員に係る特殊使用関係人は除かれます。
　また，「専ら」については，物理的・時間的に専属しているということではなく，機能的な面で専属していることを指し，必要な統括業務を遂行したうえで，さらに統括業務以外の業務に従事していたとしても，「専ら」という要件を満たす，とされています（租税特別措置法関係通達（以下「措通」）66の6 －17の3の解説（国税庁））。

(2) 被統括会社

被統括会社とは，次に掲げる要件に該当する外国法人とされています（措令39の14の3⑥）。

> ① その発行済株式等および議決権の25％以上（内国法人の場合50％以上(注1)）が，統括業務を行う外国関係会社により直接に保有されていること
> ② その本店所在地国にその事業を行うに必要と認められるその事業に従事する者(注2)を有すること
> ③ 日本法人に係る統括業務を行う外国関係会社およびその関連法人に支配されていること

(注1) 平成27年度改正において内国法人の場合50％以上の要件が追加されました。
(注2) その事業に従事する者
　「外国法人がその事業の内容，規模等に応じて必要な従事者を本店所在地国に有していれば，この要件を満たすこととなる。」とされています（措通66の6-17の2の解説（国税庁））。
　したがって，その外国法人の事業に専属的に従事している者に限らず，他の外国法人の事業にも従事している者も，これに含まれることになります。

統括会社と被統括会社を図で示すと，図表4-10のとおりとなります。

(3) 統括業務

「統括業務」とは，外国関係会社が被統括会社との間における契約に基づき行う業務のうちその被統括会社の事業の方針の決定または調整に係るもの(注1)（その事業の遂行上欠くことのできないものに限ります）であって，その外国関係会社が2以上の被統括会社に係るその業務を一括して行うことによりこれらの被統括会社の収益性の向上に資することとなると認められるもの(注2)をいいます（措令39の14の3⑤）。

(注1) 被統括会社の事業の方針の決定または調整に係るもの

図表4-10 統括会社と被統括会社

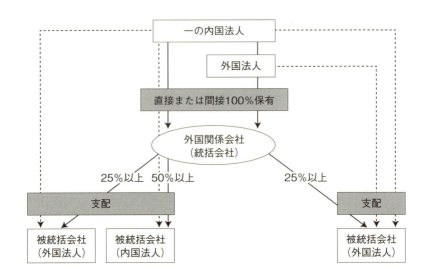

　被統括会社の事業方針の策定および指示ならびに業務執行の管理および事業方針の調整の業務で、その事業の遂行上欠くことのできないものをいい、例えば、外国関係会社が被統括会社の事業方針の策定等のために補完的に行う広告宣伝、情報収集等の業務は、「被統括会社の事業の方針の決定または調整に係るもの」に該当しない、とされています（措通66の6－17の4）。
(注2) 被統括会社の収益性の向上に資することとなると認められるもの
　統括会社における「統括業務」は、地域の経済圏に対応した現地の被統括会社を統括することで収益性の向上が図られるものであり、統括会社をその地に設けて統括業務を行うことの経済的合理性が求められることとなります。
　「必ずしも定量的に収益性の向上に資するかどうかを証明できない業務であることに鑑みれば、具体的な業績の数値結果等が求められるものではないが、地域経済圏に展開するグループ企業の商流の一本化や間接部門の合理化に通じるなどの当該業務の重要性および当該業務が被統括会社、ひいてはグループ企業の収益に貢献している業務であることを合理的に説明することができる必要があろう。」（措通66の6－17の4の解説（国税庁））

(4) 統括会社および被統括会社の判定時期

　外国関係会社が統括会社に該当するかどうかの判定および外国法人が被統括会社に該当するかどうかの判定については、ともに、その統括業務を行う外国

関係会社の各事業年度終了の時の現況によるものとされています（措令39の14の3㉑）。

❷ 事業基準

事業基準は，外国関係会社の主たる事業が，株式等の保有，債券の保有，工業所有権または著作権の提供，船舶または航空機の貸付け(注)（以下，「特定事業」といいます）に該当しないことを求めるものです（措法66の6②三イ）。

「特定事業」を主たる事業とする外国関係会社が事業基準を満たせず，合算課税されることとなりますが，統括会社および航空機貸付けを主たる事業とする会社に係る特例的な取扱いがあります。

(注) 船舶および航空機の貸付については平成29年度に改正が行われ，航空機の貸付けを主たる事業とする外国関係会社のうち，本店所在地国においてその役員または使用人が航空機の貸付けを的確に遂行するために通常必要と認められる業務のすべてに従事していること等の要件を満たすものについては，事業基準を満たすものとされました。

【事業持株会社の特例】

「事業持株会社」(注)に該当する外国関係会社は，株式等の保有を主たる事業としても，事業基準を満たすものとされます（措法66の6②三イ）。

(注) 事業持株会社

事業持株会社は，株式等の保有を主たる事業とする統括会社のうち，次の①かつ②，あるいは①かつ③の基準を満たすものとされています（措令39の14の3⑧）。

① $\dfrac{\text{統括会社の当該事業年度終了の時において有する被統括会社の株式等の貸借対照表に計上されている帳簿価額の合計額}}{\text{その統括会社の当該事業年度終了の時において有する株式等の貸借対照表に計上されている帳簿価額の合計額}} > 50\%$

② $\dfrac{\text{統括会社の当該事業年度終了の時において有する外国法人である被統括会社の株式等の貸借対照表に計上されている帳簿価額の合計額}}{\text{統括会社の当該事業年度終了の時において有するすべての被統括会社の株式等の貸借対照表に計上されている帳簿価額の合計額}} > 50\%$

③ $\dfrac{\text{統括会社の当該事業年度における外国法人である被統括会社に対して行う統括業務に係る対価の額の合計額}}{\text{統括会社の当該事業年度におけるすべての被統括会社に対して行う統括業務に係る対価の額の合計額}} > 50\%$

　この特例により，事業持株会社に該当する外国関係会社は，基本的にこの事業基準を満たすこととなり，他の経済活動基準も満たせば，合算課税されないこととなります。

　なお，この「事業持株会社」の特例は，平成22年度改正によって設けられたもので，「国際課税関係の改正」『平成23年度　税制改正の解説』（財務省）においては，次のように説明しています。

　「租税回避目的で設立されたものとして捉えるのではなく，その地において統括業務といった事業活動を行うことに十分な経済合理性があるものと評価することが適当であることから，適用除外とならない株式等の保有を主たる事業とする外国子会社等から除外することとされました。これにより事業持株会社は事業基準を満たすこととなりました。」

❸　実体基準

　実体基準^(注)は，外国関係会社がその本店所在地国においてその主たる事業を行うのに必要と認められる事務所，店舗，工場その他の固定施設を有していることを求めるものです（措法66の6②三ロ）。

　独立企業として，物的機能を備えているか否かということを判定するもので

すが，固定施設を自ら所有していることを要件としているものではなく，事務所，店舗等を賃借している場合であっても差し支えないとされています。

ただし，単なる郵便等の配達場所のためのものであるような場合には，必要と認められる固定施設を有しているとは言い難い，という解釈がなされています。

(注) 平成29年度改正では，保険委託者の実体基準および管理支配基準の判定について，その保険委託者に係る保険受託者が実体基準または管理支配基準を満たしている場合には，その保険委託者は実体基準または管理支配基準を満たすものとされました。

【事業持株会社の取扱い】

事業持株会社の実体基準の判定において，その事業持株会社が行う統括業務を主たる事業として判定を行うこととされています(注)。

(注) これは，事業基準において，その統括業務に着目して十分な経済合理性があると評価したため，実体基準や後で述べる所在地国基準においても，統括業務に着目して判定を行うのが適当と考えられるためです。

4 管理支配基準

管理支配基準は，外国関係会社がその本店所在地国において，その主たる事業の管理，支配および運営を自ら行っていることを求めるものです（措法66の6②三ロ）。

独立企業としての実体を備え，自らの判断で事業の管理，支配および運営を行うことを要求しているわけですが，外国関係会社の株主総会および取締役会等の開催，役員としての職務執行，会計帳簿の作成および保管等が行われている場所ならびにその他の状況を勘案して判定するものとされています。

ただし，株主総会の開催が本店所在地国等以外の場所で行われていること，現地における事業計画の策定等にあたり，日本法人と協議してその意見を求めていること等の事実があるとしても，それだけでは，その外国関係会社が管理支配基準を満たさないことにはなりません（措通66の6−16）。

5 非関連者基準と所在地国基準

4番目の経済活動基準は、「非関連者基準」と「所在地国基準」との2つの基準から成っています。

独立企業としての物的・機能的な必要条件を示した上記❸および❹の基準とは異なり、「非関連者基準」と「所在地国基準」は、外国子会社合算税制の経済活動要件の主柱をなすものとされています。

外国子会社合算税制の適用除外となるためには、その外国関係会社の営む主たる事業の種類の区分に応じ、「非関連者基準」と「所在地国基準」のいずれかの基準を満たす必要があります。

(1) 非関連者基準

非関連者基準(注1)は、外国関係会社が卸売業、銀行業、信託業、金融商品取引業、保険業、水運業、航空運送業または物品賃貸業をその主たる事業としている場合において、その事業を主としてその外国関係会社に係る関連者(注2)以外の者(非関連者)と行っていることを求めるものです(措法66の6②三八)。

(注1) 平成29年度改正で下記の要件が追加されました。
・保険業を主たる事業とする保険受託者に該当する外国関係会社が、その保険委託者との間で行う取引は関連者取引に該当しないものとされる。
・航空機の貸付けを主たる事業とする外国関係会社については、非関連者基準が適用される。

(注2) 「関連者」には、外国子会社合算税制の適用対象となる居住者や日本法人、日本法人と50%以上の支配関係を有する者およびこれらの者と実質支配関係がある者および特殊の関係にある者(同族関係者)等が含まれています。

主として非関連者と取引を行っているかどうかは、外国関係会社が各事業年度において行う主たる事業の区分に応じ、非関連者との取引に係る取扱金額が取扱総額の50%超になっているか否かにより判定されます。

例えば、卸売業を主たる事業とする場合は、次の計算式により計算した売上

または仕入のいずれかの割合が50％を超えるときは，非関連者基準を満たすこととなります。

$$
\frac{\text{当該各事業年度における非関連者との間の取引に係る販売取扱金額（または仕入取扱金額）の合計額}}{\text{当該各事業年度の販売取扱金額（または仕入取扱金額）の合計額}} > 50\%
$$

なお，この非関連者基準においても，統括会社に係る特例的な取扱いが設けられました。

【物流統括会社の特例】

　卸売業を主たる事業とする外国関係会社が統括会社に該当する場合には，その被統括会社をその外国関係会社に係る関連者の範囲から除外することとされます（措令39の14の3⑰）。

　これは，地域経済圏に展開するグループ企業の商流を合理化するいわゆる物流統括会社に経済合理性があるものと評価し，平成22年度改正において，物流統括会社とその被統括会社との取引を非関連者取引として取り扱うことになったわけです（図表4-11参照）。

　この特例により，物流統括会社に該当する外国関係会社が，基本的にこの非

図表4-11　物流統括会社と被統括会社の間の取引

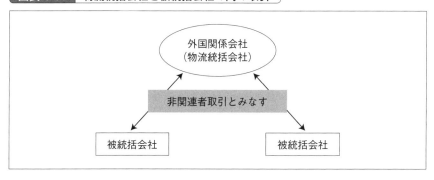

関連者基準を満たすこととなり、他の経済活動基準も満たせば合算課税されないこととなりました。

【非関連者を介在させる取引】

図表4-12のような非関連者を介在させる取引は、外国関係会社と非関連者との間の取引および外国関係会社に係る関連者と非関連者との間の取引において、その取引を行った時において外国関係会社に移転または提供されることが予め定まっている場合は、その外国関係会社と非関連者との間の取引および外国関係会社に係る関連者と非関連者との間の取引は、その外国関係会社とその関連者との間において直接行われたものとみなして、判定を行うものとされています（措令39の14の3⑯）。

図表4-12　非関連者を介在させる取引

(2) 所在地国基準

所在地国基準は、上記(1)の非関連者基準の対象事業以外の事業を主たる事業として営む外国関係会社について適用され、外国関係会社がその事業を主として本店所在地国において行っていることを求めるものです（措法66の6②三八）。

例えば、不動産業であれば、主としてその本店所在地国にある不動産の売買または貸付け、売買または貸付けの代理または媒介および管理を行っていること、また、賃貸業であれば、主としてその本店所在地国おいて使用に供される物品の貸付けを行っていることを求めるものとなっています。

なお、事業持株会社に対する所在地国基準の適用については、その外国関係

会社が行う統括業務を主たる事業として判定を行うこととされています。

(3) 主たる事業の種類の判定

上記(1)の非関連者基準と(2)の所在地国基準のいずれかが適用されるのは、外国関係会社の営む主たる事業の種類によることとされていますが、その主たる事業の種類の判定は、その外国関係会社の事業年度ごとに、原則として日本標準産業分類（総務省）を基準として行うこととされています。

なお、外国関係会社が2以上の事業を営んでいる場合に、いずれが主たる事業であるかについては、それぞれの事業に属する収入金額または所得金額の状況、使用人の数、固定施設の状況等を総合的に勘案して判定する、とされています（措通66の6－17）。

【来料加工取引について】

平成29年度改正前は、卸売業以外の業種（製造業）について主として本店所在地国で事業を行っていない場合、「所在地国基準」を満たさず、会社単位の合算対象とみなされていました。そのため、「来料加工取引」に係る外国子会社合算税制の適用をめぐっては、中国に来料加工工場を持つ香港子会社の主たる事業が、「卸売業」と「製造業」のいずれに該当するかが問題になるということがありました。

平成29年度改正で、「製造業を主たる事業とする外国関係会社のうち、本店所在地国において製造における重要な業務を通じて製造に主体的に関与している(注)と認められるものの所在地国基準の判定方法について、所要の整備が行われる」とされ、来料加工取引のように製造の主体的立場と製造行為が異なる場所にある場合の所在地国基準の判定について明確化されることとなりました。

(注) 主体的に関与しているとは、「施設・設備の確保、整備、管理」「原材料・材料の調達、管理」「製造・品質管理及び監督」「人員の確保、組織化、配置及び労務管理」「財務管理」「事業計画・生産計画・投資計画等製造に必要な計画策定」等を勘案して判断するとされています（措規22の11②）。

6　申告要件等

　平成29年度改正により，**2**～**5**の4つの経済活動基準をすべて満たし，会社単位合算課税制度が適用されない場合において，日本法人は，確定申告書にこの規定の適用がある旨を記載した書面を添付，かつ，その外国関係会社の貸借対照表，損益計算書等その適用があることを明らかにする資料の保存要件は廃止されました。ただし，租税負担割合が20％未満である外国関係会社，同じく租税負担割合が30％未満である特定外国関係会社は貸借対照表，損益計算書等の書類の添付要件が新設されました（措法66の6⑪）。

　さらに，国税当局の職員が日本法人にその外国関係会社が経済活動基準を満たすことを明らかにする書類等の提出等を求めた場合において，期限までにその提出等がないときは，その外国関係会社は経済活動基準を満たさないものと推定される旨が追加されました（措法66の6④）。

　なお，その外国関係会社が統括会社に該当することにより，適用除外の規定を受けようとする場合には，上記のほか，統括業務の内容等を記載した書類を添付し，被統括会社との間における契約書の写し等の資料を保存する必要があります。

第5節　会社単位合算課税制度

　特定外国関係会社または対象外国関係会社が，各事業年度において「適用対象金額」を有する場合には，その適用対象金額のうち「課税対象金額」に相当する金額は，日本法人の収益の額とみなして当該各事業年度終了の日の翌日から2か月を経過する日を含むその日本法人の各事業年度の所得の計算上，益金

の額に算入することとされています（措法66の6①）。

1 合算課税される事業年度

図表4-13のとおり，特定外国関係会社または対象外国関係会社の各事業年度終了の日の翌日から2か月を経過する日を含むその日本法人の事業年度となります(注)。

(注) 特定外国関係会社・対象外国関係会社の決算資料を揃えるのに時間がかかり，日本における申告に間に合わないというケースもありますが，合算課税事業年度に関する特例が設けられているわけではありませんので，本来の合算課税事業年度において概算で申告を行い，資料を揃えた時点で修正申告または更正の請求をする，ということになります。

図表4-13　合算課税事業年度

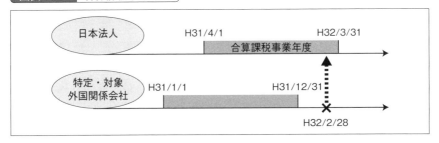

2 合算課税される金額

合算課税される金額は，「課税対象金額」と呼ばれ，図表4-14に示したように，基準所得金額，適用対象金額，課税対象金額の順に段階を経て算出することとされています。

図表4-14　課税対象金額の計算過程

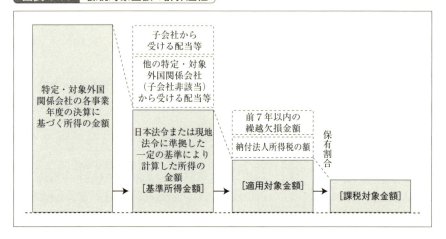

3　「基準所得金額」の計算

　基準所得金額の計算には，下記(1)の日本法令に準拠して計算する方法を原則としながら，実務と簡便性の観点から，(2)の現地法令に準拠して計算する方法の選択適用が認められています。

> (1)　日本法令に準拠して計算する方法
> 　日本法令に準拠して計算する方法により計算される基準所得金額は，特定外国関係会社または対象外国関係会社の各事業年度の決算所得金額について，日本の法人税法および租税特別措置法の規定に準じて計算した所得の金額または欠損の金額に一定の調整を加えた残額とされています（措令39の15①）。
>
> (2)　現地法令に準拠して計算する方法
> 　現地法令に準拠して計算する方法により計算される基準所得金額は，特定外国関係会社または対象外国関係会社の各事業年度の決算に基づく所得の金額につき，その特定外国関係会社または対象外国関係会社の本店所在

> 地国の法人所得税に関する法令の規定により計算した所得の金額に，一定の調整を加えた残額とされています（措令39の15②）。

　日本法令によるか現地法令によるかについては，日本法人が基準所得金額の計算を最初に行う場合には，特別の手続を要することなく，自由に選択できるとされています。ただし，一度選択した方法は継続して適用しなければならず，変更する場合には，あらかじめ納税地の所轄税務署長の承認を受けなければなりません（措令39の15⑨）。

　「外国子会社配当益金不算入制度」の導入に伴い，この基準所得金額の計算も大きく変更されたわけですが，次の2つの主な項目について説明を加えます。

(1) 子会社配当等の控除

　基準所得金額の計算において，特定外国関係会社または対象外国関係会社がその子会社(注)から受ける配当等の額は，日本法令または現地法令のいずれかに準拠して計算する場合においても，減算調整項目とされます（措令39の15①四，②十七）。

(注) ここでいう子会社とは，次に掲げる要件を満たす他の法人※をいいます（措令39の15①四）。
　i　特定外国関係会社または対象外国関係会社による持株割合または議決権割合のいずれかが25％以上であること
　ii　上記iの状態がその受ける配当等の額の支払義務が確定する日以前6か月以上継続していること
　※　その支払配当の額等を損金の額に算入することができることから，一定の特定目的会社，投資法人，特定目的信託に係る受託法人，特定投資信託に係る受託法人は，この子会社の範囲から除かれます。

　日本から香港へ，香港から中国へ出資したケースを考えます（図表4-15参照）。

図表4-15　子会社の配当等の控除

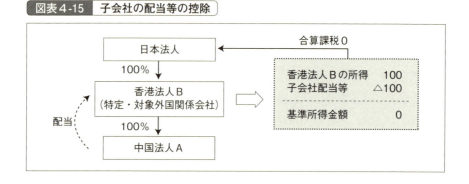

　特定外国関係会社または対象外国関係会社である香港法人Bの基準所得金額の計算上，その子会社である中国法人Aから受ける配当等の額が除外されるわけですが，仮に，香港法人Bの所得がその子会社である中国法人Aからの配当のみである場合は，香港法人Bに係る基準所得金額は，「0」ということとなります。

(2) 控除対象配当等の控除

　特定外国関係会社または対象外国関係会社が日本法人に係る他の特定外国関係会社または対象外国関係会社から受ける配当等の額のうち，「控除対象配当等の額」(注)とされる金額がある場合には，日本法令と現地法令のいずれかによって基準所得金額を計算する場合においても，その「控除対象配当等の額」が控除されることとされています（措令39の15③）。

(注)「控除対象配当等の額」とは，日本法人に係る他の特定外国関係会社または対象外国関係会社の合算課税された事業年度の適用対象金額から充てられた配当等の額をいいます。

　図表4-16の例で説明すると，特定・対象外国関係会社Sが他の特定・対象外国関係会社Bから受ける配当の額のうち，「控除対象配当等」に該当するものは，特定・対象外国関係会社Sの基準所得金額の計算から控除されます。

図表4-16　控除対象配当等の控除

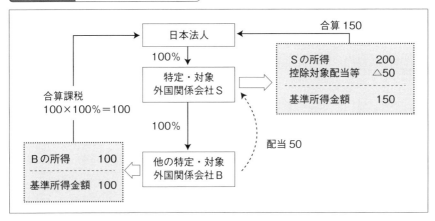

(3) 適用順位等

上記(1)の「子会社配当等の控除」の規定は、日本法人が直接配当を受ける場合に「外国子会社配当益金不算入制度」による95％不課税となることとのバランスを図るために、平成21年度改正において設けられた措置です。

(2)の「控除対象配当等の控除」の規定は、特定外国関係会社または対象外国関係会社が合算課税された他の特定外国関係会社または対象外国関係会社から受ける配当等に対する二重課税を防止するために設けられた、従来から存在する措置です。

なお、(1)に規定する「子会社」の要件にも該当する他の特定外国関係会社または対象外国関係会社からの配当等については、(1)の「子会社配当等の控除」の措置が優先適用されることとなります。

4 「適用対象金額」の計算

「適用対象金額」とは、特定外国関係会社または対象外国関係会社の各事業年度の基準所得金額から、次に掲げる金額の合計額を控除した残額とされてい

ます（措法66の6②四，措令39の15⑤）。

> ① 特定外国関係会社または対象外国関係会社の当該各事業年度開始の日前7年以内に開始した事業年度において生じた欠損金額の合計額に相当する金額
> ② 特定外国関係会社または対象外国関係会社が当該各事業年度において納付をすることとなる法人所得税の額

(1) 過去7年間の欠損金額

上記①における「欠損金額」とは，特定外国関係会社または対象外国関係会社の各事業年度の決算に基づく所得の金額について，上記**3**の基準所得金額の計算規定を適用した場合において計算される欠損の金額をいいます（措令39の15⑥）。

外国法人の決算上の欠損金額ではなく，本制度の基準所得金額の計算規定を適用した場合に計算される欠損金額とされているため，特定外国関係会社または対象外国関係会社に該当しなかった事業年度に生じた欠損金額は，この「過去7年間の欠損金額」から除かれます。

例えば，**図表4-17**では，N期の適用対象金額の計算において，特定外国関係会社または対象外国関係会社に該当しなかったN-2期の欠損金額100は，「過去7年間の欠損金額」として控除することはできません。

N-7期の欠損金70は「過去7年間の欠損金額」に該当しますが，すでにN-6期で控除済となっているため，結果的に，N-1期の欠損金額50のみが，N期の適用対象金額から控除できることとなります。

図表4-17　過去7年間の欠損金額

事業年度	所得または欠損金	特定・対象 外国関係会社	控除の可否
N－7期	△70	該当	○
N－6期	100	該当	—
⋮	—	非該当	×
N－2期	△100	非該当	×
N－1期	△50	該当	○
N期	200	該当	—

(2) 納付をすることとなる法人所得税の額

この「納付をすることとなる法人所得税の額」については，ある事業年度において納税充当金として引き当てた見込みの税額ではなく，その事業年度中に納税の確定した税額を指しているため，通常は，その事業年度前の事業年度に係る税額となることに注意してください。

(3) 特定外国関係会社または対象外国関係会社が支払う配当等の取扱い

特定外国関係会社または対象外国関係会社が日本法人に支払う配当等は，配当課税と合算課税との二重課税を避けるため，従来，適用対象金額の計算において控除されていました。

しかし，「外国子会社配当益金不算入制度」が導入されたことにより，この調整は必要ではなくなりました。

このため，特定外国関係会社または対象外国関係会社が日本法人に支払う配当等は，適用対象金額の計算から控除しないこととされました。

図表4-18を参考にしていただきたいと思いますが，平成21年度改正後においては，特定外国関係会社または対象外国関係会社が日本法人に配当するか否かにかかわらず，その「所得金額」に対して合算課税を行う，ということになりました。

図表4-18　特定外国関係会社または対象外国関係会社が支払う配当等の取扱い

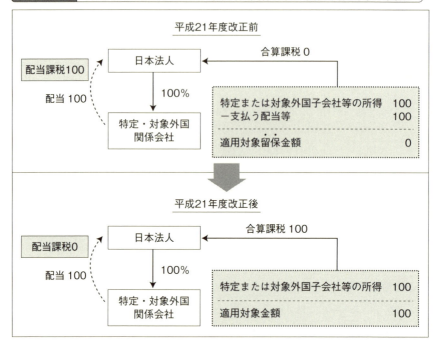

5　「課税対象金額」の計算

　「適用対象金額」に請求権勘案保有株式等の割合を乗じて計算した金額は，「課税対象金額」として日本法人の益金に算入されます（措令39の14②）。

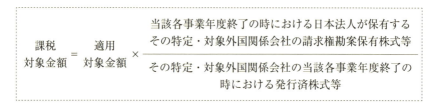

6 計算における通貨と換算

　基準所得金額と適用対象金額は，外国通貨表示の金額により計算するものとされていますが，日本法人の所得に合算するため，課税対象金額を円換算する必要があります。

　課税対象金額の円換算は，原則として，特定外国関係会社または対象外国関係会社のその事業年度終了の日の翌日から2か月を経過する日における電信売買相場の仲値によることとされています。

　ただし，継続適用を条件として，その日本法人の同日を含む事業年度終了の日の電信売買相場の仲値によることもできるとされています。この場合，その日本法人が2以上の特定または対象外国関係会社を有するときは，そのすべての特定外国関係会社または対象外国関係会社につき，その電信売買相場の仲値によるものとされています（措通66の6-14）。

第6節　受動的所得部分合算課税

　特定外国関係会社，もしくは対象外国関係会社に該当しない場合には，会社単位合算課税制度はありません。

　しかし，平成29年度改正により，経済活動基準のすべてを満たし，会社単位合算課税がされない対象外国関係会社であっても，一定額以上の受動的所得(注)を有している場合は，部分対象外国関係会社として，受動的所得部分合算課税制度の適用を検討しなければならないこととなりました。

　なお，この部分対象外国関係会社に係る「受動的所得」の部分合算課税は，平成29年度改正以前は「資産性所得」と呼ばれていましたが，改正により，新

たに「受動的所得」として定義され，対象所得の範囲が拡大されました。
(注) 法令上，「特定所得」と呼ばれています。

❶ 部分合算課税される事業年度

会社単位合算課税制度と同様，部分対象外国関係会社の各事業年度終了の日の翌日から2か月を経過する日を含むその日本法人の事業年度となります。

❷ 部分合算課税される金額

部分合算課税される金額は，「部分課税対象金額」と呼ばれ，図表4-19に示したように，特定所得の金額，部分適用対象金額，部分課税対象金額の順に段階を経て算出することとされています。

❸ 「特定所得の金額」の計算

受動的所得は，法令上，「特定所得」とされています。

図表4-19　部分課税対象金額の計算過程

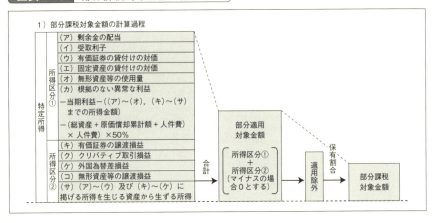

特定所得の金額は，次の図表4-20に掲げる所得の金額とされています（措法66の6⑥）。

4 「部分適用対象金額」の計算

「部分適用対象金額」は，部分対象外国関係会社の各事業年度の，以下の①および②の金額の合計額とされています。（措法66の6⑦）

---
① 　上記**3**「所得区分①」
② 　上記**3**「所得区分②」（その合計額がゼロを下回る場合には，ゼロ）

なお，②の金額がゼロを下回る場合には，その金額は7年間繰り越され，翌事業年度以後の②の合計額の計算上，控除されることとなります。つまり，①の金額とは通算はできません。

5 部分適用対象金額に係る適用除外

受動的所得部分合算課税の取扱は，部分対象外国関係会社につき，次のいずれかに該当する事実がある場合には，その部分対象外国関係会社のその該当する事業年度に係る部分適用対象金額については適用がないこととなります。

---
① 　各事業年度の租税負担割合が20％以上である
② 　部分適用対象金額　≦　2,000万円
③ 　（部分適用対象金額÷決算に基づく所得の金額）　≦　5％

これは，「租税負担割合基準」（上記①）および「少額所得除外基準」（上記②・③）と呼ばれるものです。平成29年度改正により，従来制度の適用判定に設けられていた租税負担割合20％未満という規定が廃止されたため，企業の事

図表 4-20　特定所得の一覧

区分		受動的所得の対象	受動的所得から除外されるもの
所得区分①（プラスのみ）	a	（ア）剰余金の配当	・持分割合25%以上等の要件を満たす法人から受ける配当等（支払法人において損金算入される配当等を除く。化石燃料採取事業を営む外国法人で租税条約相手国に化石燃料を採取する場所を有するものから受ける配当等については持分割合10%以上）
		（イ）受取利子	・本店所在地国において役員等が必要業務に従事するなど一定の要件を満たすグループファイナンスに係る貸付金利子 ・現地法令に準拠して貸金業を営み，本店所在地国において役員等が必要業務に従事するなど一定の要件を満たす貸付金利子 ・事業に係る業務の通常の過程で得る預金利子
		（ウ）有価証券の貸付けの対価	
		（エ）固定資産の貸付けの対価	・主として本店所在地国において使用に供される固定資産の貸付けによる対価 ・本店所在地国にある不動産および不動産の上に存する権利の貸付けによる対価 ・本店所在地国において役員等が固定資産の貸付けのための必要業務の全てに従事するなど一定の要件を満たす固定資産の貸付けによる対価
		（オ）無形資産等の使用料	・自社が自ら行った研究開発の成果に係る無形資産の使用料 ・相当の対価を支払って取得した無形資産の使用料 ・相当の対価を支払って使用を許諾された無形資産の使用料
	b	（カ）根拠のない異常な利益	＝当期利益 －（（ア）～（オ），（キ）～（サ）までの所得金額） 　　　　　－（（総資産＋減価償却累計額＋人件費）×50%）
所得区分②（プラス・マイナス両方）	c	（キ）有価証券の譲渡損益	・持分割合25%以上等の法人の株式等に係る譲渡損益
		（ク）デリバティブ取引損益	・ヘッジ目的のデリバティブ取引損益 ・現地法令に準拠して商品先物取引業を営み，本店所在地国において役員等が必要業務に従事するなど一定の要件を満たす商品先物取引等に係る損益
		（ケ）外国為替差損益	・事業（為替相場の変動によって生ずる差額を得ることを目的とする事業を除く。）に係る業務の通常の過程で生ずる外国為替差損益
		（コ）無形資産等の譲渡損益	・自社が自ら行った研究開発の成果に係る無形資産の譲渡 ・相当の対価を支払って取得した無形資産の譲渡 ・相当の対価を支払って使用を許諾された無形資産の譲渡
		（サ）（ア）～（ウ）および（キ）～（ケ）に掲げる所得を生じさせる資産から生ずる所得	・ヘッジ目的の取引に係る損益

務負担軽減の観点から設けられています。また，同様に従来からあった少額所得除外基準のうちの金額基準（上記②）についても従来の1,000万円から増額されています。

納税者の負担軽減の見地から，部分適用対象金額があっても，あまりにも少額な場合または重要度が低い場合には，受動的所得部分合算課税が適用されません。

なお，平成29年度改正により，少額免除基準を満たす旨を記載した書面の確定申告書への添付要件およびその適用があることを明らかにする資料等の保存要件は廃止されました（旧措法66の6⑦・⑧）。

６ 「部分課税対象金額」の計算

部分対象外国関係会社の各事業年度の部分適用対象金額に，請求権勘案保有株式等の割合を乗じて計算した金額とされています（措令39の17の3①）。

$$
部分適用対象金額 \times \frac{当該各事業年度終了の時における日本法人が保有するその部分対象外国関係会社の請求権勘案保有株式等}{部分対象外国関係会社の当該各事業年度終了の時における発行済株式等}
$$

部分課税対象金額についても円換算が必要ですが，第5節 ６ で述べた課税対象金額の円換算と同様の取扱いになります。

第7節　二重課税排除

特定外国関係会社・対象外国関係会社・部分対象外国関係会社の所得に係る

課税対象金額または部分課税対象金額が日本法人の所得として合算される場合は，その特定外国関係会社・対象外国関係会社・部分対象外国関係会社の所得に対してその本店所在地国等においても課税が行われるため，実質的には，同一の所得に対して外国法人税と日本法人税が二重に課されることとなります。このような二重課税を排除するため，外国子会社合算税制においては，外国税額控除制度が設けられています。

　また，合算課税を受けた海外子会社がその日本法人に対して支払う配当等のうち合算額を原資とする部分について直接的に生ずる二重課税および海外孫会社がその海外子会社を経由して日本法人に支払われる配当等のうち合算額を原資とする部分について間接的に生ずる二重課税の排除のために，一定の金額までの配当等を益金不算入とする措置が講じられています。

1　課税対象金額または部分課税対象金額に係る外国法人税額の控除

(1)　控除対象外国法人税の額

　日本法人が課税対象金額または部分課税対象金額の合算課税の適用を受ける場合は，その日本法人に係る特定外国関係会社・対象外国関係会社・部分対象外国関係会社の所得に対して課される外国法人税の額のうち，下記の算式により計算した金額を，その日本法人が納付する「控除対象外国法人税の額」とみなして，外国税額の控除の規定が適用されます（措令39の18）。

　ただし，その計算した金額は課税対象金額または部分課税対象金額を限度とします。

$$\text{課税対象年度または部分課税対象年度の所得に対し課される外国法人税の額} \times \frac{\text{日本法人に係る課税対象金額または部分課税対象金額}}{\text{調整適用対象金額}^{(※)}}$$

※　適用対象金額に，課税対象年度または部分課税年度に係る基準所得金額の計算上控除される「子会社から受ける配当等の額」および「控除対象配当等の額」を加算した金額をいいます。

(2)　国外所得金額の計算上の取扱い

　外国税額控除限度額の計算については，益金の額に算入された課税対象金額に相当する金額または部分課税対象金額に相当する金額（「益金算入額」）および日本法人が納付する控除対象外国法人税の額とみなされる金額は，国外所得金額に含まれるものとされます。

2　控除対象所得税額等相当額の控除（措法66の7④）

　合算対象となる外国関係会社の所得に日本の所得税や法人税が課されている場合には，実務上，その所得税や法人税の額を外国法人税の額として扱うことで，外国税額控除の仕組みにより，二重課税調整が行われてきました。

　平成29年度改正では，外国関係会社の所得に対して課された日本の所得税や法人税の額について，外国税額控除の仕組みではなく，新たな税額控除の仕組みにより，親会社である日本法人の法人税の額から控除することとされました。

　具体的には，日本法人が課税対象金額または部分課税対象金額の合算課税の適用を受ける場合には，日本法人に係る特定外国関係会社・対象外国関係会社・部分対象外国関係会社に対して課される所得税等の額のうち，下記の算式により計算した金額を，その日本法人の法人税の額から控除することとされました。

$$\text{外国関係会社に課される所得税等の額} \times \frac{\text{日本法人に係る課税対象金額または部分課税対象金額}}{\text{調整適用対象金額}^{(注)}}$$

(注) 適用対象金額に課税対象年度または部分課税年度に係る基準所得金額の計算上控除される「子会社から受ける配当等の額」および「控除対象配当等の額」を加算した金額をいいます。

❸ 合算課税後に外国法人から配当等を受ける場合の取扱い

　日本法人が外国子会社合算税制によって合算課税された外国法人から受ける剰余金の配当等の額がある場合には、その剰余金の配当等の額のうち、その外国法人に係る特定課税対象金額および間接特定課税対象金額に達するまでの金額は、その日本法人の各事業年度の所得の金額の計算上、益金の額に算入されません（措法66の8①・②）。

　次の図表4-21のように、「外国子会社配当益金不算入制度」の適用関係に応じて、持株割合が25％未満で「外国子会社」に該当しない外国法人から受ける配当等は、基本的に益金に算入されますが、特定課税対象金額および間接特定課税対象金額に達するまでの金額は、100％益金不算入とされます。

　また、持株割合が25％以上の「外国子会社」から受ける配当等は、基本的に95％益金不算入とされますが、特定課税対象金額および間接特定課税対象金額に達するまでの金額は、100％益金不算入とされます。

　ただし、損金算入配当（その全部または一部がその子会社の本店所在地国の法令において損金算入されている配当）の額は、控除しないこととされています。

図表4-21　合算課税後に外国法人から配当等を受ける場合

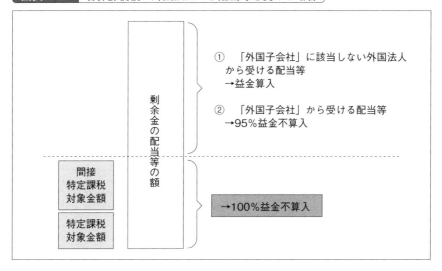

第5章

シンガポールにおける統括会社設立の関連規定

第 *1* 節　進出・出資の形態

◾️1　進出形態

シンガポールにおいて事業を行うための形態は，下記のとおりです。

---
(1)　会社法に基づく会社（Company）
(2)　駐在員事務所（RepresentativeOffice）（注）
(3)　事業登記法に基づく形態
　　　個人事業主（SoleProprietorship）
(4)　パートナーシップ法に基づく形態
　　　パートナーシップ（Partnership）
(5)　有限パートナーシップ法に基づく形態
　　　リミテッド・パートナーシップ（LimitedPartnership）
(6)　有限責任パートナーシップ法に基づく形態
　　　有限責任パートナーシップ（LimitedLiabilityPartnership）
(7)　事業信法に基づく形態
　　　事業信託（BusinessTrust）

（注）活動は本社のための業務の促進，連絡業務，情報収集，および市場調査等に限られます。

◾️2　出資形態

　会社法に基づく会社には，有限責任株式会社，有限責任保証会社および無限責任会社の大きく分けて3つの形態があります。日系企業の進出で最も一般的な有限責任株式会社については，出資者は自ら引き受けた株式または保証を限度として責任を負います。出資に関しては，国家の安全保障にかかわる公益事

業，メディア関係等の一定の分野を除いて，シンガポール人またはシンガポール企業の資本参加を要求されておらず，外国会社はシンガポールに100％子会社を設立することが可能です。なお，外国の法令に準拠して設立された法人その他の外国の団体は，シンガポールの会社法に基づいて支店として登録することができます。

第2節　株式会社設立手続および注意点

1　組織形態

シンガポール会社法（Companies Act）において，会社の組織形態が定められており，図表5-1のとおりです。

図表5-1　会社の組織形態

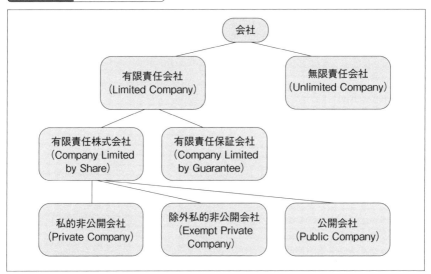

それぞれの会社の特徴は次のとおりです。

(1) 有限責任会社 (Limited Company)

出資者または保証者は株式または保証の引受価額を限度として責任を負います。なお，Limited (Ltd) またはBerhad (Bhd) を，その商号に付す必要があります。株式の公開の有無によって非公開会社と公開会社に分けられ，前者はさらに私的非公開会社と除外私的非公開会社に分けられます。

① 有限責任株式会社 (Company Limited by Share)

ⅰ) 私的非公開会社 (Private Company)

一般に日系を含む外資系企業は，ほとんどこの企業形態です。私的非公開会社は，定款において株式の譲渡制限および株主は50名以下であることを定めなければなりません（シンガポール会社法18条1項）。休眠会社[注1]を除き，決算書（財務諸表）を会計・企業監督庁（Accounting and Corporate Regulatory Authority：ACRA）に届出する[注2]義務があります。なお，Private (Pte)，またはSendirian (Sdn) を，その商号に付す必要があります。

(注1) 会計年度において，会計上の取引を行っていない会社。さらに，当該会社が上場会社または上場会社の子会社でなく，会計年度中の総資産額がS$50万以下であり，かつ，当該会社の取締役会が，当該会社がACRAに対し，当該会社が休眠状態であることの述べた文書を提出することにより，当該会計年度の決算書（財務諸表）作成義務も免除されます。

(注2) 届出する際，決算書（財務諸表）上の情報および数値をXBRL（Extensible Business Reporting Language：拡張可能事業報告言語）にて提出することが義務付けられている。

ⅱ) 除外私的非公開会社 (Exempt Private Company)

私的非公開会社のうち，株主が20名以下であり，かつ株主がすべて個人である会社，または，政府により完全保有され，大臣が官報において除外私的非公開会社であると宣言した会社です。財務諸表の会計・企業監督庁（ACRA）への届出が免除されています。また，取締役に対する貸付けを行うことができます。

なお，私的非公開会社と除外私的非公開会社は，シンガポールでは基本的にシンガポール勅許会計士による決算書（財務諸表）の外部監査を受けなければなりませんが，一定の要件を満たす小規模会社の場合には，監査義務[注]が免除されています。

(注) 第3章第1節4を参照ください。

ⅲ）公開会社（Public Company）

株式の譲渡制限がありませんので，一般投資者に対して株式を公募することができ，またシンガポール証券取引所（Singapore Exchange Limited：SGX）の上場マニュアル（Listing Manual）に記載の要件を満たせば，シンガポール証券取引所で株式を公開することが可能です。

② **有限責任保証会社（Company Limited by Guarantee）**

保証者が自ら責任を負う範囲を決定する形態であり，資本金という概念がありません。保証する金額を定款に定め，それぞれの保証者はその金額を払い込むことを保証します。ただし，会社が解散するまでは，出資の払込みを履行する必要はありません。芸術活動や布教活動の促進，慈善事業を行う法人がこの形態をとっており，非営利事業に適しています。

(2) **無限責任会社（Unlimited Company）**

日本の合名会社や合資会社に相当するもので，出資者が無限責任であることを定款で定めた会社です。

2 設立に必要な情報

会社の設立にあたり，下記の事項を検討・決定しておく必要があります。

(1) 商　号

外国会社の支店の場合は，本社と同じ商号を使用しなければなりませんが，シンガポールにて設立登記される会社の場合はそのような制限はなく，自由に

決定することができます。ただし，同一商号，類似商号，好ましくない商号などは会計・企業監督庁（ACRA）が受け付けないため，これらは商号予約の段階で確認する必要があります。

(2) 登記上の住所

設立にあたっては登記上の住所を決めなければなりません。P.O. Boxを会社の登記上の住所として登録することは認められません。なお，実際の会社運営を登記上の住所とは別の場所で行うことは可能です。会社設立段階で，まだ賃貸契約をしていない場合は，設立を依頼する会計事務所などの住所を借り，自社の事務所が決まり次第，変更登記を行うことも可能です。

(3) 事業目的

実際の会社登記においては，事業内容のうち，主たるものを1つか2つ記載することになりますが，実際の事業がこれら登記内容に限定されるということではありません。会社法においては，事業目的は，定款への絶対記載事項ではありません。また，親会社の定款に記載されている事業内容に拘束されるということもありません。旅行業，不動産仲介業，教育業，貸金業，飲食業などは，別途ライセンスが設立後必要になるため，注意が必要です。

(4) 株式引受人

会社の設立にあたっては，最低1名の当初株式引受人により，株式を少なくとも1株引き受けられ，定款に署名される必要があります。法人でも自然人でも株式引受人となることが可能ですが，株式引受人が法人の場合は，法人代表者の権限の確認が必要になります。

(5) 株　主

株主は，個人でも法人でもなることが可能で，年齢，国籍，居住地を問いません。

(6) 払込資本金額

シンガポールでは，授権資本制度は廃止されているため，会社は自社の判断にて，設立当初，および増資の際にその都度，払込資本金額と割当株数を自由に定めることができます。資本金の通貨に関しては，シンガポールドルのほか，米ドル，ユーロ，日本円など世界のどの通貨でも選択可能です。

(7) 設立時の取締役

すべての会社は18歳以上のシンガポール居住者を取締役として，最低1名選任する必要がありますが，その他の取締役は非居住者でも構いません。当初株式引受人が取締役に就任することも可能です。

なお，シンガポールの就業許可証を保持している海外駐在員等も居住取締役として認められます。海外駐在員が居住取締役となる場合，設立段階では就業許可証を保持していないケースが大半ですので，会計事務所などから名義借りを行い，就業許可証を取得後速やかに名義上の取締役から本来の取締役に変える方法が一般的です。

(8) 事業（会計）年度

外国会社の支店の場合は，本社と同じ決算日を採用しなければなりませんが，シンガポールにて設立登記された会社の場合はそのような制限はなく，自由に決定することができます。最初の事業（会計）年度に関しては，設立より1年以上の事業（会計）年度も認められますが，設立より18か月以内に開催しなければならない第1回年次（定時）株主総会には決算書（財務諸表）の提出が必要とされます。次年度からは，原則12か月を1事業（会計）年度とし，前回の年次株主総会の日から15か月以内に開催し，決算書（財務諸表）の提出が必要とされます[注1]。非公開の有限責任会社の場合は，株主の同意があれば，書面による株主総会決議の方法も可能[注2]。なお，年次株主総会日（または，書面による株主総会決議日）から1か月以内に，ACRAへの年次届出（Annual Return）が義務付けられています。

(注1) 2017年改正法により，2018年の施行後は，年次（定時）株主総会開催日と財務諸表の作成とACRAへの年次届出の期限が以下の通り同一化される。
　　（ⅰ）年次株主総会は，決算日から6か月以内に開催（上場会社の場合は，決算日から4か月以内に開催）
　　（ⅱ）設立登記され次第，ACRAの登記官へ決算日を通知し，また，決算日の変更の都度，一定期限内に登記官へ会社の新たな決算日を通知すること
　　（ⅲ）施行後に決算日を変更した場合で，且つ，変更後5か年以内に，決算日を再度変更する場合は，登記官の承認が必要
　　（ⅳ）18か月を超える期間を事業（会計）年度とする場合は，登記官の承認が必要
　　（ⅴ）12か月でない期間を1事業（会計）年度とする場合は，登記官への通知が必要
　　（ⅵ）ACRAへの年次届出は，決算日から7か月以内に行う（上場会社の場合は，決算日から5か月以内に行う）

(注2) 2017年改正法により，2018年の施行後は，株主の同意をもって，書面による株主総会決議をする現行の方法の他に，以下を条件に，決算日から5か月以内に財務諸表を株主へ送付することにより株主総会開催義務の免除も可能となる。
　　（ⅰ）決算日から6か月後の最終日より14日前までに，株主より，年次総会開催の請求がされた場合，決算日から6か月以内に年次株主総会を開催すること，但し，(ACRA)登記官へ年次株主総会開催期限の延長を申請することが可能
　　（ⅱ）当該財務諸表が送付されてから14日以内に，株主または監査人より，年次総会開催の請求がされた場合には，決算日から6か月以内に，年次株主総会を開催すること
　　（ⅲ）年次株主総会開催を省略する決議があっても，かかる決議の効力を失った時点で，決算日から6か月以内に開催されるべき年次株主総会開催の期限が残すところ少なくとも3か月ある場合には，年次株主総会を開催すること

(9) マネージング・ダイレクター（MD）/チーフエグゼクティブ・オフィサー（CEO）

代表取締役制度はなく，居住または非居住の専務取締役（Managing Director）や最高経営責任者（Chief Executive Officer）の選任を任意で行い，ACRAへの届出が可能。

(10) 会計監査人

第3章第1節**4**を参照ください。

(11) カンパニー・セクレタリー（会社秘書役）

会社秘書役は，設立後6か月以内にその選任が義務づけられていますが，必ずしも設立段階で選任する必要はありません。日本にはない制度で，馴染みにくいですが，議事録などさまざまな法定書類を会社のために適切に作成，登録，保管する役割を担います。

3 必要な手続と書類

(1) 使用商号の予約

下記の情報を基に会計・企業監督庁（ACRA）へオンラインにて商号の予約を行います。商号予約料は1商号につきS\$15です。

> ① 当初株式引受人（株主）
> ② 予定する当初取締役
> ③ 主たる事業目的

予約の有効期間は120日間で，その期間内に設立登記を行うことになります。当初の予約期間の延長はできませんが，予約有効期間が過ぎれば，同じ商号での予約申請は可能。また，原則，複数の商号の予約申請は可能。

(2) 定款の作成

会社を設立するにあたり，定款を(注)作成する必要があります。定款には商号，株主の責任の範囲，株式引受人の情報および会社運営の諸手続を記載した会社の憲法にあたるものです。日本の定款とは異なり，相当の分量があります。シンガポール会社法の会社（モデル定款）規則に定款のひな形が記載されており，これを準用し作成される場合がほとんどです。

(注) 2014年改正法により，2016年1月3日以後は，基本定款（Memorandum of Association）および附属定款（Articles of Association）（2つ合わせてM&AAと呼ばれていた）の2

つの文書を統一して，定款（Constitution）を用いることになりました。なお，改正前の会社法の下で設立された会社については，M&AAは，引き続き有効であり，上記のモデル定款の内容を組み込んだ定款を策定する必要はありません。

(3) 設立手続

下記(4)①「会社設立前に必要な書類」に基づき，ACRAへオンラインにて設立手続を行います。

(4) 必要な書類・情報

① 「会社設立前に必要な書類・情報」
　ⅰ）定款
　ⅱ）当初株式引受人の名別，住所等詳細および引受株数・金額
　ⅲ）取締役の氏名，住所(注)等詳細および就任同意書（Form45）
　ⅳ）登記上の事務所の住所と営業時間

② 「会社設立後に必要な書類・情報」
　ⅰ）当初株式引受人に対する株式割当決議と株券の発行
　ⅱ）株式譲渡と増資決議の登記/届け出（設立後に変更ある場合）
　ⅲ）取締役の氏名，住所（注）等詳細および就任同意書（Form45）（設立後に，取締役の交代や追加がされる場合）
　ⅳ）会計監査人（監査法人）の名前，住所等詳細および選任されることへの同意書
　ⅴ）カンパニー・セクレタリーの氏名，住所（注）等詳細および就任の同意書

なお，上記ⅲ），ⅳ），ⅴ）については，14日以内にACRAへ届け出る必要があります

（注）2014年改正法により，2016年1月3日以後は，居住する住所に代えて代替え住所を登録することが可能となり，その場合は，居住する住所の情報は，ACRAにて管理されるが，非公開とされる。

4 登記料

非公開の有限責任会社の場合はS＄300，有限責任保証会社の場合はS＄600の登記料が必要です。

5 設立のスケジュール

シンガポールでの会社設立手続の概要と標準期間は図表5-2のとおりです。

図表5-2　会社設立手続の概要と標準期間

①	使用商号（会社名）の予約	1日[※1]
②	商号（会社名）の決定	—
③	必要書類の作成とACRAへの申請	3～4日[※1]
④	ACRAより設立完了の通知	1日[※1]
⑤	会社設立証明書	1日
⑥	第1回取締役会決議事項 設立証明（または通知書）・定款の提示 取締役の選任・辞任・交代（該当する場合） 会社印章の採用[※2] 登記上の住所の承認 決算日の決定[※3] 株式譲渡・増資決議（該当する場合）[※3] 取引銀行での口座開設およびサイン権者の決定[※3]	1日
⑦	就業許可証の申請	2～6週間[※4]
⑧	資本金の送金	1日
⑨	会計監査人の選任	—
⑩	カンパニー・セクレタリーの選任	—

※1　オンラインで行うため，ACRA側のシステムダウンなどにより，多少遅れる場合もあります。

※2 2017年改正法により，2017年3月31日以後は，会社印章の保有義務が撤廃され，保有するかどうかは，会社による選択が可能。
※3 第1回目の取締役会での必須事項ではありません。
※4 申請が不許可となって，疑問点や追加資料を準備して再申請した場合は，再申請から3～5週間。

図表5-2の①，③および④についてはオンラインで行うため，ACRA側のシステムダウンなどにより，多少遅れる場合もあります。

第3節　株式譲渡手続の流れ

1　株式の譲渡制限

シンガポール会社法の規定にて，非公開の有限責任株式会社の場合には，株式の譲渡は制限されており，定款において株式譲渡の制限と，株主数は50名以下との制限が設けられていなければならないとされています。附属定款に当記載がない場合においては，株式譲渡の制限に関する規定が含まれているものとみなされます。

なお，株式の譲渡制限とは，定款にて，例えば，会社の取締役会による承認のない譲渡を禁止する，または既存の株主に先買権を付与する規定を設けられていることなどを指しています。

2　株式譲渡手続

シンガポール法人の株式譲渡手続の手順は下記のとおりです。
(1) 定款の株式譲渡に関する規定内容の確認
　定款で株式譲渡について制限を設けている場合もあります。

(2) 譲渡人と譲受人での「譲渡証書」の締結
　　＜「譲渡証書」で約定される主な条件＞

> ① 売買当事者の名称
> ② 売買株式の銘柄
> ③ 発行済株式の種類，売買総数と売買代金
> ④ 株式売買実行日
> ⑤ 支払方法

(3) 取締役会による株式譲渡を承認し，新株券を発行する決議
(4) 直近の決算書（年次財務諸表）もしくは内部財務諸表の準備
　　初年度の場合は，会社設立後18か月以内，それ以降は（前回の年次株主総会日から）15か月以内のものであること[注1]。
(5) 印紙税局への譲渡証書等の写し，申告書の提出，および印紙税の納税
　　印紙税は，売買代金額か純資産価額のいずれか高い価額の0.2％。シンガポールで作成された譲渡証書については，作成の日付より14日以内に（なお，海外で作成された譲渡証書については，シンガポールにて受け取った日付より30日以内に）印紙税を納めない場合はペナルティが課せられます。
(6) ACRAへの当該株式譲渡の情報の届出を随時または年次届出（Annual Return）の際にACRAへ届け出ることが義務づけられています。
(7) カンパニー・セクレタリーによる旧株券の取消，新株券の発行および株主名簿への記載[注2]

(注1) 2017年改正法により，2018年の施行後は，決算日から6か月以内のものであること。
(注2) 2014年改正法により，2016年1月3日以後は，非公開会社（私的非公開会社と除外私的非公開会社）については，ACRAに電子的に登録される株主名簿に株主として記載された者が，正式な株主と扱われることとなった。

3　増資手続

シンガポール会社法では，授権資本制度がありません。したがって，シンガ

ポール会社法上，すべての新株発行が株主総会の承認を経て行われる必要があります。通常，定時株主総会または臨時株主総会で新株割当をする権限を取締役会へ与える包括的な承認を決議し，その後，取締役が取締役会決議を経て新株の割当と発行を実行します。当該株主総会では，附属定款の定めにより普通決議または特別決議が必要になります。必要書類は当該株主総会の議事録および割当を行う取締役会決議書です。増資手続の流れは，下記のとおりです。

(1) 増資に関する株主総会を招集するための取締役会決議
(2) 当該株主総会開催予定の14日前（特別決議の場合は21日前）までの株主総会の招集通知

　定款にて，それより長い日数を定められている場合は，その通知期間を遵守しなければなりません。ただし，株主の同意があれば，株主総会招集通知期限の短縮が認められています。

(3) 既存または新株主からの新株引受の申入れと（現物出資でない限り）払込み，および取締役会における新株割当と新株券発行の決議
(4) 株券の発行

　増資が行われた後に株券を発行します。株券には，附属定款の定めに従って取締役2名，または取締役とカンパニー・セクレタリー1名ずつの署名および会社印章(注)の押印が必要となります。日本のような株券不発行の制度はありません。

(注) 2017年改正法により，2017年3月31日以後は，会社印章の保有義務が撤廃され，保有するかどうかは，会社による選択が可能。

(5) ACRAへの届出

　増資に関する取締役会への権限付与の承認決議がされた場合には，決議後14日以内にACRAへ届け出る必要があります。また，増資割当後14日以内にACRAへ届け出ることが義務づけられています。

第4節 株式譲渡に係る税務の取扱い

　第3章第1節**5**(5)のとおり，シンガポールではキャピタルゲインは，原則益金に算入されません。また，資本的支出，およびシンガポールの統括会社から被統括会社の株式を譲渡する場合などの譲渡益（損）は，シンガポールでは原則税務上益金（損金）に算入されません。ただし，被統括会社の所在地国および被譲渡者の所在地国における課税関係の有無は，それぞれ現地の会計事務所等に確認が必要です。

第5節 地域統括会社の優遇税制

1 地域統括会社の優遇税制

　統括会社が認定される可能性がある優遇税制は図表5-3のとおりです。

図表5-3　地域統括会社スキームと優遇税制

スキーム	優遇税制
パイオニア優遇制度（製造/サービス） Pioneer Incentive (PC-M/PC-S)	最長15年間，適格所得の免税(注1)
成長・拡大優遇制度 Development and Expansion Incentive	最長10年間，適格事業活動による増収分に対する軽減税率適用（5％または10％）（一度に5年間以内の延長が認められる可能性があり，延長を含め最長20年)(注2)
金融財務センター優遇制度 Finance and Treasury Centre Incentive	5年間，適格所得に対し8％(注2)の軽減税率が適用されます。また，適格所得獲得のための海外の金融機関または関連会社からの借入にかかる利息支払時，シンガポールでの源泉税が免除されます。（2017年3月10日以降は，一度だけ5年間の更新が認められる可能性があります。）(注4)
統括本部制度 Headquarters Programme	最長5年間（3年間＋2年間），適格所得に対し15％の軽減税率が適用されます。地域統括本部の要件を大幅に上回る統括規模を備えた会社に対しては，まずは5年間適格所得に対し，0％，5％または10％の軽減税率が適用され，その後の統括活動や事業支出の継続レベルに基づいて更新されます。(注2)(注5)
グローバル・トレーダー制度 Global Trader Programme	5年間，適格所得に対し5％または10％の軽減税率が適用されます。(注4)
認定ロイヤルティ優遇制度 Approved Royalties Incentive	適格ロイヤルティ，技術支援料，研究開発費に係る源泉税の減免(注1)
認定海外ローン優遇制度 Approved Foreign Loan Incentive	生産設備導入費用のための適格借入金の利息に係る源泉税の減免(注1)(注6)

（注1）2024年1月1日以降の認定は行われません。
（注2）シンガポールは税源浸食と利益移転（BEPS）プロジェクトの準参加国として参加することを表明し，2021年7月1日以降は，知的財産に係る所得は当該適格所得より除かれます。知的財産に係る所得は，2017年末までに導入予定のネクサスアプローチに対応した知的財産開発優遇制度（Intellectual Property Development Incentive）の適用対象となる可能性があります。
（注3）2016年3月24日以前に認定されている場合は，10％の軽減税率が適用されます。
（注4）2021年4月1日以降の認定は行われません。

(注5) 統括本部制度の優遇税制は，成長・拡大優遇税制に基づくものと所得税法第43E条に基づくものの2種類がありますが，所得税法第43E条に基づくものは，2015年9月30日付で撤廃されました。
(注6) 2015年2月24日以降，非居住者からの最低融資額がS$20万からS$2,000万に改定されました。

第6節　合併・事業譲渡

　合併や事業譲渡に関わる費用は，資本的取引を行うために発生した費用とみなされ，原則として，税務上損金不算入となります。しかしながら，企業合併・買収（M&A）による，シンガポールを拠点に事業を行う会社の成長の促進を目的として，2010年度の予算承認により，M&Aスキームが設けられ，その後の予算承認により，期間の延長および適用範囲が広がりました。

1　M&Aスキーム（Mergers and Acquisitions, M&A）

　M&Aスキームに該当する取引で，2010年4月1日から2020年3月31日までの間に，シンガポールで設立され居住者である会社が，他の会社"被取得会社"の所定の割合の普通株式の適格取得を行う場合，当該取得会社に税制上のメリットがあります。

　当該スキームは，買収による成長を目指している会社に対し税制上のメリットを与えるもので，持株比率の増加をもたらさない企業グループ内部のリストラクチャリングおよび会社の新規設立は対象となりません。対象となる取引の主な条件は，下記(1)～(5)のとおりです。

(1) 取得会社

下記①～④のすべての要件を満たす必要があります。

① シンガポールで設立され，居住者である。取得会社が企業グループに属する場合に，そのグループの究極的持株会社（Ultimate Holding Company）もシンガポールで設立され，居住者[注1]である。

② 所得税法第10条(1)項(a)号に規定する取引や事業を取得日においてシンガポールで行っている。

③ 取得前1年間少なくとも3人以上のシンガポール市民または永住権保持者の従業員[注2]の雇用を行っている。

④ 取得前の少なくとも2年間，取得会社または被取得会社が，他方の普通株式を受益的に直接または間接に75％以上所有しておらず，第三者会社が，取得会社および被取得会社の普通株式を受益的に直接または間接に75％以上保有していない。

（注1）2012年2月17日以降の取得について，Headquarters Programmeの適用を受ける場合，監督官庁（EDB，MASおよびMPA）は上記の居住者要件を免除する可能性があります。
（注2）人的役務を提供しない取締役は含まれません。

(2) 取得子会社

取得会社の子会社"取得子会社"を通した株式の取得の場合，取得子会社は，①～③のすべての要件を満たす必要があります。

① 所得税法第10条(1)項(a)号に規定する取引や事業を取得日においてシンガポール国内外を問わず行っていない。

② 取得日において取得会社の直接100％子会社である（2012年2月17日以降の取得については，間接100％子会社も可とされました。ただし，間接100％子会社の場合，中間的会社は純粋持株会社であり，この①～③のすべての要件を満たす必要があります。）

③ M&Aスキームに関わる如何なる優遇制度も適用していない。

(3) 被取得会社または運営子会社 (注)

所得税法第10条(1)項(a)号に規定する取引や事業を取得日においてシンガポールの国内外を問わず行っており，かつ取得前1年間で少なくとも3人以上の従業員を雇用している。

(注) 運営子会社とは，被取得会社の直接100％子会社のことをいいます（2012年2月17日以降の取得については，間接100％子会社も可とされました）。

(4) 被取得会社の普通株式の取得割合

2010年4月1日から2015年3月31日までの期間に，

① 当該取得までは50％以下の持株比率の場合で50％超を取得する場合，または
② 当該取得までは50％超，75％未満の持株比率の場合で75％以上を取得する場合

2015年4月1日から2020年3月31日までの期間に，

③ 当該取得までは20％未満の持株比率の場合で20％以上，50％以下を取得する場合，または
④ 当該取得までは50％以下の持株比率の場合で50％超を取得する場合

ただし，上記④の取得割合を満たさず③の取得割合を満たす場合，追加で下記⑤および⑥の要件を満たす必要があります。

⑤ 被取得会社は取得会社または取得子会社の関連会社とみなされる。
⑥ 適格取得を行った賦課年度の法人税の申告期日までに，取得会社または取得子会社は被取得会社または運営子会社に取締役を派遣している。

(5) 取得方法

① 現金による株式の取得の場合で取得日から6か月以内に払込みが完了している場合
② 株式交換による株式の取得の場合

図表5-4は2010年4月1日から2020年3月31日までの間に，M＆Aスキームに該当する取得会社および取得子会社の例（例③は2012年2月17日以降の取得）です。

図表5-4　M&Aスキームに該当する取得会社および取得子会社の例

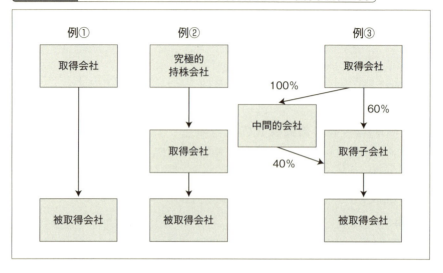

　図表5-5は2010年4月1日から2020年3月31日までの間に、M&Aスキームに該当する運営子会社の例（例⑤⑥は2012年2月17日以降の取得）です。

図表5-5　M&Aスキームに該当する運営子会社の例

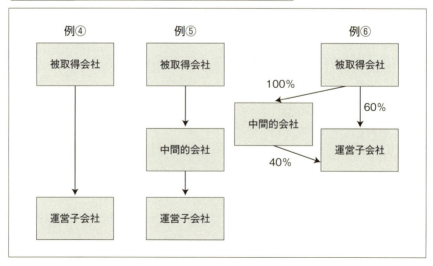

(6) 法人税について

2010年4月1日から2020年3月31日までに、上述の(1)～(5)の条件を満たした普通株式を取得した会社について、買収価額の所定の割合の所得控除（M&A allowance）が認められます。所定の割合は、図表5-6のとおりです。

図表5-6　M&A allowanceの買収価額に対する割合および上限

取得期間	買収価額に対する割合	買収価額の上限
2010年4月1日から2015年3月31日	5％	S＄1億
2015年4月1日から2016年3月31日	25％	S＄2,000万
2016年4月1日から2020年3月31日	25％	S＄4,000万

それぞれの賦課年度ごとに、M&A allowanceが認められ、当該賦課年度より5年間にわたって5分の1ずつ均等にM&A allowanceの所得控除が認められます。買収価額については、下記のように定義されています。

① 現金による買収の場合、現金払込額
② 株式交換による取得の場合、取得日の取得会社の株式の市場価格×交付株式数が買収価額を構成し、市場価格が取れない場合には、買収直前の監査済み財務諸表上の純資産価額

また、2012年2月17日から2020年3月31日までに、上述の(1)～(5)の条件を満たした普通株式の取得に関わる専門家報酬[注]や評価報告書の費用等は、それぞれの賦課年度ごとに、最大S＄10万までの取引費用の200％の所得控除（Double Tax Deduction）が認められます。

(注) 金銭消費貸借契約に関わる専門家報酬は含まれません。また、2012年2月16日以前の取得費用は損金不算入となります。

> 【例1】 シンガポール国内において設立し居住する12月末決算のA社は，2018年8月8日に，シンガポール国外において事業を行うB社の普通株式100％を現金買収S＄6,000万で取得し，買収を完了しました。その際の取得費用は，S＄7万でした。
>
> 　A社は取得会社の条件を満たし，B社も被取得会社の条件を満たす場合は，
>
> 　Double Tax Deduction：S＄7万×200％＝S＄14万
>
> 　M&A allowance：S＄4,000万×25％＝S＄1,000万
>
> 　その他のM&Aが行われない場合，賦課年度2019年より5年間にわたり，それぞれの賦課年度にS＄200万のM&A allowanceの所得控除が可能です。

(7) 印紙税について

　2010年4月1日から2020年3月31日までに，上述の(1)～(5)の条件を満たした普通株式の取得をした会社について，毎期一定額までの印紙税の免除を認められます。印紙税の課税標準については，売買代金額か純資産価額のいずれか高いほうの金額と定義されています。各事業年度の印紙税免除の上限金額は，図表5-7のとおりです。

図表5-7　印紙税免除の上限金額

期間	印紙税免除の上限金額
2010年4月1日から2015年3月31日	S＄20万
2015年4月1日から2016年3月31日	S＄4万
2016年4月1日から2020年3月31日	S＄8万

【例2】 シンガポール国内において設立し居住するA社は2018年8月8日に，シンガポール国内において事業を行うB社の普通株式100％を現金買収S$6,000万で取得し，買収を完了し，印紙税S$12万を納付しました。A社は取得会社の条件を満たし，B社も被取得会社の条件を満たし，その他のM&Aが行われない場合，S$8万が還付されます。

第6章

香港における
統括会社設立の関連規定

第1節 進出・出資の形態

香港へ進出する場合，進出の目的，事業内容等を考慮して，現地法人，外国法人の香港支店，駐在員事務所の3形態から進出形態を選択することになります（図表6-1）。

図表6-1　進出形態比較

項　目	現地法人	支　店	駐在員事務所
メリット	低税率の享受や迅速な意思決定	日本本社によるコントロールや損失合算	簡易
営業活動	可	可	不可（情報収集や補助活動のみ許可）
会社登記	必要	必要	不要
商業登記	必要	必要	必要
会計記帳	香港の会計原則により決算を行う	本店の会計方針に従い決算を行う	本店の会計方針に従い試算表の作成
会計監査	毎期必要	不要	不要
税務申告	・毎年事業所得税の申告納税が必要 ・株主構成，事業内容によっては，タックス・ヘイブン対策税制の対象となる	・毎年事業所得税の申告納税が必要 ・最終的には本社との合算により日本で課税されるが，香港での納税額については，税額控除の対象となる	営業活動は行っていないので，原則課税は発生しないが，税務申告書は初年度，その後数年に一度発行されるので，申告は必要
税務上の損失	永久に繰越可	永久に繰越可	該当なし
会社内容の開示	・会社登記事項が会社登記所にて公開される ・財務諸表は非公開	日本本社の財務諸表や登記簿の英訳を提出，その登記事項が公開される	該当なし

現地法人は，1人の発起人（株主）が，最少1株を引き受けることで登記可能です。資本金の払込時期については，日本や中国と異なり，香港では，設立登記以前に出資払込金証明等は不要です。

第2節　法人設立手続および注意点

1　組織形態

香港会社条例（Companies Ordinance）に基づき設立される会社は，個人が負う責任の程度，株式公開の有無等の違いにより，図表6-2のように分類されます。

図表6-2　組織形態の分類

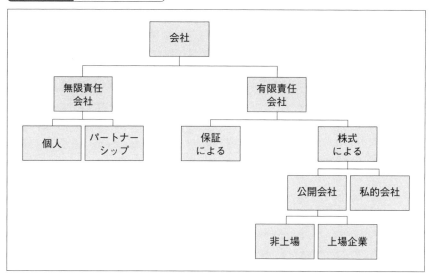

(1) 無限責任会社（Unlimited Company）

　無限責任会社における各社員は，会社債務について個人的に無限責任を有します。無限責任会社としては，下記2つの事業形態があります。

① パートナーシップ（Partnership）

　パートナーシップは，事業目的のために集まったパートナーの集合体で，各パートナーがパートナーシップの債務につき，個人的に責任を負う形態です。

② 個人事業（Sole Proprietorship）

　個人事業は，法人格を持たず，個人が事業主となって営業活動を行う事業形態をいいます。事業主個人が個人的に無限責任を負う形態です。税務局商業登記署にて事業登記を行い「商業登記証」の発行を受けます。税務申告は行いますが，会計監査の必要はありません。

(2) 有限責任会社（Limited Company）

　有限責任会社における事業形態としては，株式による場合，保証による場合の2つの形態があり，各社員はそれぞれ，出資額，定款で定められた限度額まで責任を負います。

① 株式による有限責任会社（Company Limited by Shares）

　各株主は，出資額を限度に責任を負う事業形態をいいます。日本における株式会社に相当し，香港へ進出する日系企業が通常選択する事業形態です。

② 保証による有限責任会社（Company Limited by Guarantee）

　株式による有限責任会社と異なり，各株主は，各自の出資額にかかわらず，会社清算時に，会社定款で定められた限度額まで会社債務について責任を負う事業形態をいいます。

(3) 公開会社と私的会社（Public CompanyとPrivate Company）

　株式による有限責任会社は，公開会社と私的会社に分類されます。公開会社は，さらに上場会社と非上場会社に分類されます。公開会社と私的会社の要件は，図表6-3のとおりです。

保証による有限責任会社は，旧会社条例のもとでは公開会社と私的会社に分類されていましたが，2014年3月3日に施行された新会社条例のもとでは区分がなくなり，保証による有限責任会社というひとつの分類にまとまりました。

図表6-3　公開会社と私的会社の要件比較

	公開会社	私的会社
社員数	制限なし	50名以下
株式の譲渡制限	なし	あり
株式・社債の公募	可	不可
株主総会召集通知	新聞に掲載	株主宛通知
決算書公開	必要	不要
年次報告書作成日（会社登記局へ提出）	年次株主総会開催日付で作成	設立登記日付で作成

香港の日系企業の多くは，株式による私的有限責任会社を採用しています。この場合，設立登記は，申請から約2～3週間で完了します。

2　設立に必要な情報

(1)　会社名の決定

英文は必須で，中文の会社名は任意です。英文の場合，「Limited」，中文の場合は，「有限公司」を社名の最後につけることになります。会社名の決定前に，会社登記局（Companies Registry）で類似商号の存在を確認する必要があります。

(2)　株主の選定

株主は1名以上から登記可能です。株主が個人であるか法人であるかは問われず，また，国籍，居住国について制限はありません。

(3) 取締役の選定

　取締役は1名以上から登記可能です。2014年3月3日に施行された新会社条例においては最少1名の自然人の取締役の選任が必要ですが，自然人取締役が登記されていれば，法人が取締役として登記することも可能です。国籍，居住国についての制限はありませんが，取締役が個人の場合は，年齢が18歳以上であることが条件となります。また，香港では日本のように「代表取締役」という法的な地位は存在せず，会社登記局に対しては，「取締役（Director）」として登記されます。

(4) 資本金

　最少1人の発起人（株主）が，1株を引き受けることで登記可能です。1株の最低資本金としては，HK＄1が一般的です。資本金の払込時期については，日本や中国と異なり，香港では，設立登記以前に出資払込金証明等は不要で，設立後（株式割当後），2か月以内に株券などが発行できる状態にすべきと規定されている（会社法第144条）ので，通常別途取決めがない限り，それまでに払い込めば問題ないとされています。

(5) 事業目的

　定款で事業目的を制限しない限り，基本的にはどのような事業も行うことが可能です（金融業や飲食業，学校，不動産業，および人材斡旋業等，事業内容によっては別途ライセンスが必要）。商業登記証（Business Registration Certificate）上では，主要な業務を記載することが必要となります。

(6) 会社秘書役

　会社秘書役は，香港会社条例により，会社が会社秘書役を選任することが義務づけられています。日本にはない制度ですが，議事録等さまざまな法定書類を会社のために適切に作成，登記および保管する役割を担います。

3 設立の手順

(1) 設立証明書の発行申請
　会社登記局へ「定款（Articles of Association）」,「法人設立様式（Incorporation Form/Form NNC1）および「事業所所在地通知（Form IRBR1）」を登記登録料、とともに提出します。

(2) 設立証明書の受領
　約10営業日で設立証明書が発行されます。

(3) 商業登記証の発行申請および受領
　会社設立証明書の発行と同時に,「商業登記証」が発行されます。

4 設立登記後の現地法人の運営

(1) 取締役会
　取締役会は、最低年1回、株主総会開催日と決議事項を決定するために開催する必要があります。その他、重要な変更があった場合、随時開催します。

(2) 株主総会
　第1回株主総会の実施時期は、会社法で規定されており、会社の初年度決算日が設立日から12か月以内の場合には、初年度期末日から9か月以内に開催しなければなりません。初年度決算日が設立日から12か月以降の場合は、設立1年後の設立応答日から9か月目にあたる日〔A〕あるいは初年度決算日から3か月目にあたる日〔B〕のいずれか遅い方を採用し、その期間内での開催が義務づけられています（AかBで遅い日を採用）。第2回以降は、会社の決算日から9か月以内に開催します。株主総会では、通常、決算書の承認、配当金の

決定，取締役の選任，監査人の選任を行います。特に定めがない場合，定足数は2名で，普通決議は多数決，特別決議は，4分の3以上の議決権を有する多数株主により決議されます。(図表6-4，6-5)

図表6-4　年次（定時）株主総会

	議事の定足数	議決の定足数（決議要件）	議　案
普通決議	2名，かつ出席株主の各1名が発行済株式の10%以上を保有 ※ただし，定款で別段の定めが可能	出席した株主の議決権の過半数 ※ただし，定款で別段の定めが可能	・会計監査人の選任 ・取締役の再任 ・監査報告書の承認 ・取締役報酬の決定

図表6-5　臨時株主総会

	議事の定足数	議決の定足数（決議要件）	議　案
普通決議	2名 ※ただし，定款で別段の定めが可能	出席した株主の議決権の過半数 ※ただし，定款で別段の定めが可能	・増資 ・取締役の解任 ・会計監査人の解任
特別決議	2名 ※ただし，定款で別段の定めが可能	出席した株主の議決権の75%以上 ※ただし，定款で別段の定めが可能	・会社清算 ・会社名変更 ・減資 ・定款の変更 ・休眠

(3) 決　算

第1回会社決算は，会社法上設立後18か月以内に開催しなければなりません。また，全ての会社は会計監査を受けなければなりません。なお，会計帳簿の保存期間は7年です。

(4) 年次報告書の提出

会社は，年に1回，会社設立応答日から6週間以内に会社登記局へ年次報告

書（Annual Return）を提出しなければなりません。

年次報告書に記載されている会社登記内容は，以下のとおりです。

① 商　号
② 会社登記住所
③ 資本金
④ 株主の異動状況
⑤ 取締役の氏名・住所
⑥ 株主の名称・住所・特殊株
⑦ 会社秘書役
⑧ 担保付負債の金額

※年次報告書は，第三者が閲覧することができます。また，公開会社は，財務諸表の提出が義務づけられていますが，私的会社は提出不要です。

※図表6-6の事項については，変更の都度，一定の期間内に，会社登記局へ登記が必要となります。

図表6-6　登記事項と手続期限

基本事項	会社登記局への報告期限
定款の変更	変更後15日以内
社名の変更	変更後15日以内
取締役の変更	変更後15日以内
会社秘書役の変更	変更後15日以内
登記住所の変更	変更後15日以内
増資	増資日より1か月以内

第3節　株式譲渡手続の流れ

1　株式譲渡手続

香港法人の株式譲渡手続の手順は以下のとおりです。
(1) 定款の株式譲渡に関する規定内容の確認
　定款では，株式譲渡について，取締役会の承認や優先株（Preferred Shares）について制限を設けている場合もあります。
(2) 譲渡人と譲受人での「株式売買契約書」の締結
　　＜「株式売買契約書」で約定される主な条件＞

> ① 売買当事者の名称
> ② 売買株式の銘柄
> ③ 発行済株式の総数と売買代金
> ④ 株式売買実行日
> ⑤ 払込方法

(3) 取締役会による株式譲渡を承認する決議書の作成
(4) 譲渡日前直近3か月以内の決算書（取締役による原本証明）の準備
(5) 印紙税局への売買契約書，申告書の提出，および印紙税の納税
(6) 会社秘書役による旧株式証明書の取消および新株式証明書の発行，ならびに株主名簿の修正
(7) 次年度の「年次報告書（Annual Return）」報告時における会社秘書役によるアップデートされた株主情報の会社登記局への報告

2 増資手続

(1) 定款において，制限する規定の確認
(2) 増資により会社の資本額が増える場合は，臨時株主総会の普通決議での承認が必要
(3) 会社法第142条(1)に基づく株式割当申告書（Form NSC1）を増資の日から1か月以内に，会社登記局へ報告

第4節　株式譲渡に係る税務の取扱い

1 キャピタルゲイン非課税

　香港での事業所得税計算上，原則レベニューネイチャー（事業所得）に該当しないキャピタルゲインには課税されないこととされており，同様にキャピタルロスについても損金としては認められません。したがって，関係会社株式の株式譲渡等，組織再編目的や長期保有目的の投資有価証券を譲渡した場合のキャピタルゲインまたはロスは，原則課税対象とはなりません。

　ただし，株式取得後に短期間で譲渡される等，その所有目的が当初から転売による利益獲得にあるとみられるような場合には，それによって生じるキャピタルゲインまたはロスは課税対象とされます。

　この課税か非課税かの判断基準については，IRO（税務条例）上では明確に規定はされておらず，実務上の判断も難しいところですが，所有期間，取引回数，購入・売却の動機等が総合的に勘案されます。

第7章

上海における統括会社設立の関連規定

第 *1* 節　進出・出資の形態

1　進出形態

中国へ進出する場合，通常以下の進出形態があります。

(1)　外商投資企業

> ①　外資企業：外国側100％出資（以下，「外商独資企業」という）
> ②　中外合弁企業：外国側出資25％以上
> ③　中外合作企業：合作契約に基づくリスク負担や利益分配

(2)　支　店

外国企業については，金融機関や航空会社等の特定の業種のみ設立が認められています。

(3)　外国企業常駐代表処（駐在員事務所）

主に本社との連絡業務や現地の情報収集活動に従事し，営業活動を行うことはできません。

(4)　総公司・分公司

中国に設立された外商投資企業（上記(1)，「総公司」と呼ぶ）の分支機構として，分公司を設立することができます。ただし，総公司の経営範囲内の営業活動のみしか行うことができません。

2 資本金

中国で現地法人を設立する場合，会社を設立して安定的に稼働させるために必要なすべての資金を「総投資額」と呼びます。この総投資額は，基本的には資本金と国外からの借入金の合計です(注)。

(注) 2016年以降は外商投資企業の国外からの借入については，純資産等を基準としたマクロプルーデンス管理による限度額の（2017年6月末現在，純資産の2倍）計算も認められています。

(1) 総投資額

> 総投資額＝登録資本金＋借入枠

外資企業は，総投資額と資本金について，図表7-1のように一定の割合が規定されています。

図表7-1　総投資額と最低資本金

総投資額	総資産に占める最低資本金条件
300万米ドル以下	70％
300万超～1,000万米ドル以下	50％（ただし総投資額が420万米ドル以下の場合は最低210万米ドルの投資額が必要）
1,000万超～3,000万米ドル以下	40％（ただし総投資額が1,250万米ドル以下の場合は最低500万米ドルの投資額が必要）
3,000万米ドル超	3分の1以上（ただし総資本額が3,600万米ドル以下の場合は最低1,200万米ドルの資本金が必要）

通常，総投資額を決定して資本金を決定するのではなく，まず計画により算出した資本金金額をベースにして，逆算を行い，最大の借入枠が設定できるよう総投資額を決定するケースが一般的です。

出資金の払込期限を規定する条項は廃止されています。

(2) 最低資本金

最低資本金要求は2014年の公司法（会社法）の改正に伴い撤廃されています。ただし，外商投資企業は，実質的には初期投資額＋初期運転資金額以上の資本金が求められることになります。

(3) 出資形態

出資形態は，現金出資以外に現物出資も可能です。現物出資は，土地使用権，建物，機械設備などの有形資産，ノウハウ，特許技術などの無形資産による出資も可能です。

3 設立のスケジュール

中国で現地法人を設立する際の手続は，事前の調査や必要資料の準備に時間が掛かります。2016年10月以降は，ネガティブリストに該当する業種を除いて審査認可制度は廃止され，商務部のオンラインシステム「外商投資総合管理情報システム」による届出を行うのみで設立登記が完了します。なお，設立登記完了後1か月以内に，公印登記，外為登記，銀行口座開設，税務登記，税関登記などの各種手続を行う必要があります。

第2節 統括会社の形態とポイント

中国では広範な地域性と市場の多様性から，近年，地域統括会社の設立が加速しています。そのなかでも上海市は，多国間で大規模な事業展開をする，いわゆる多国籍企業が多数存在する競争の激しい市場です。多国籍企業の中国展開の中心地として，地域本部である統括会社を誘致するため，上海市では地域

本部の申請を推奨しており，一定の条件のもと，奨励金の交付等，独自の優遇支援制度を制定しています。

中国で統括会社という場合，「投資性公司」，「管理性公司」といった中国国内の複数の地域の関連会社をまとめる目的で設立した会社を指すことが一般的であり，奨励金等の優遇支援制度についても，これらの形態で設立した一定要件を満たす企業のみを対象としています。

本章では，上海市における「投資性公司」および「管理性公司」の関連規定や優遇支援制度について解説するとともに，「投資性公司」および「管理性公司」という形態以外の統括的機能を持たせるスキームについても解説します。

外資企業が設立する中国現地法人の主な形態として，オーソドックスな事業会社である「外商投資企業」と，統括機能が制度上付与されている「投資性公司」および「管理性公司」があります。

図表7-2のうち，統括会社として活用できる形態としては，既存もしくは新設の「外商独資企業」および「中外合弁企業」を統括会社とするケースのほか，「投資性公司」および「管理性公司」があげられます。以下において，それぞれの特徴を記します。

図表7-2　中国現地法人の形態

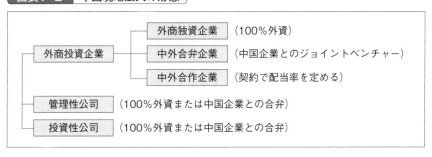

❶ 既存もしくは新設の「外商独資企業」および「中外合弁企業」を統括会社とするケース

　既存もしくは新設の企業管理公司，販売会社や製造会社を活用して，統括機能を持たせ統括会社とすることが可能です。ここでは，一般的に統括会社として相応しい形態である企業管理公司を新設する場合の留意点について解説します。

(1) 企業管理公司の設立条件
　当局の資本金額に対する判断基準は，その会社が行おうとしている業務および経営範囲が，その資本金で実行可能かどうかという点であるため，綿密な事業計画により合理的な金額を算出しなければなりません。

(2) 「外商独資企業」か「中外合弁企業」か
　統括会社としての企業管理公司を設立する場合，「外商独資企業」もしくは「中外合弁企業」の形態となります（これは，投資性公司および管理性公司でも同様です）。
　外商独資企業については，100％中国国外からの資本であるため，経営の裁量を独自に判断できる反面，中国国内の販売ルートや事業拡大のための開拓は，中国方パートナーが存在する合弁企業よりも不利になる可能性もあります。
　また，設立当初のオペレーションは独自で行う必要があるため，すでに進出している企業から指導を受けたり，コンサルティング業者を利用したりする等，事前の十分なシミュレーションが必要となります。
　一方，中外合弁企業は一般的に董事人数割合に応じた投資方の議決権があるため，裁量に自由度はないものの，地元政府との交渉や，独自の中国方パートナーの販路などを活かせるという利点があります。

(3) 企業管理公司の特徴

企業管理公司は，経営範囲として統括機能を明確化することにより，統括機能を発揮することができます。具体的には，グループ意思決定や生産・営業計画などの経営企画機能，財務・経理機能，情報システム・人事総務などの内部管理機能を付与することが可能です。

2 「投資性公司」を設立するケース

投資性公司とは，商務部令［2004］22号「外商投資者が投資性公司を設立することに関する規定」(注)によると，外国投資者が中国で独資あるいは中国投資者との合弁の形式で設立した直接投資に従事する会社とあり，中国政府の求める一定の水準を満たしたうえで設立することが可能です。

(注) 商務部令2015年第2号により，外商投資株式有限会社や外商投資性公等の資本金に対する要求に関し大幅な改定が行われ，かつ，会社の形式は，有限公司に加え株式有限公司も追加されました。

(1) 投資性公司の設立条件

会社法改正に伴い，投資性公司の最低資本金制度や払込期限の規定も撤廃されましたが，投資性公司を設立するには，依然として以下の条件をすべて満たす必要があり，実質的には多額の資金が必要となります。

① 外国投資者は良好な投資信用があり，投資性公司を設立するに必要な経済力を保有し，以下のいずれかに該当していること

　ⅰ）投資実績として申請前の1年間における投資者の資産総額が4億米ドル以上であるとともに，当該投資者はすでに中国国内で外商投資企業を設立しており，その実際納付する登録資本の出資額が1,000万米ドルを超えること

　ⅱ）当該投資者は中国国内ですでに10社以上の外商投資企業を設立しており，その実際納付する登録資本の出資額が3,000万米ドルを超えること

② 合弁方式で投資性公司を設立する場合，中国投資者は良好な投資信用が

あり，投資性公司を設立するに必要な経済力を保有し，申請前の1年間における投資者の資産総額は1億元を超えていること
③ 投資性公司の登録資本のうち，少なくとも3,000万米ドルを以下の用途に充てなければなりません。
ⅰ) 新設の外商投資企業への出資
ⅱ) 設立済み外商投資企業に対しまだ払込みが完了していない出資額の出資
ⅲ) 増資部分の出資
ⅳ) 研究開発センター等の機構設立の出資
ⅴ) 中国国内の中国資本公司の持分購入

(2) 投資性公司の特徴

投資性公司は上述の定義にあるとおり，投資を行うことが重要な目的であり，企業管理公司と同様の通常の統括機能のほか，以下の特徴があります。

① 投資機能の充実

投資の資金原資について，拠出資本だけでなく，外貨借入および傘下の投資先企業からの配当等を活用することができます。通常，企業管理公司や管理性公司が投資に利用できる資金は原則として当該企業の事業性投資より稼得した資金に限定されていますが，投資性公司においては資金原資が多様化されています。

② 資金調達機能の充実

投資性公司の資金調達枠は大きく設定されており，多額の資金調達が可能となります。通常の外商投資企業の場合，資金調達は主として中国国外からの借入（外債）となり，その枠は総投資額と登録資本金の差額または純資産の2倍ですが，投資性公司の場合は，資本金額3,000万米ドル以上，1億米ドル未満の場合は払込資本金の4倍，1億米ドル以上の場合は払込資本金の6倍まで借入可能であり，経営の必要性により，これを上回る場合には商務部の批准を要するとされています。

また，2016年6月からは外貨建て外債を人民元転した後の資金使途規制が緩

和され，関連企業に対する人民元委託貸付（銀行を仲介する融資）に用いることが可能となったため，投資性公司から傘下の企業に委託貸付を行えるようになっています。

③ **統括機能の充実**

投資先企業に対して仕入，販売，およびアフターサービスなどを代理して行うことや，親会社や関連企業からのアウトソーシング業務を請け負うことができます。

④ **税務上の優遇**

投資性公司の投資先企業からの配当収入については中国国内の益金不算入の規定の適用を受け企業所得税が免税扱いとなります。これは，通常の外商投資企業においても同様です。

また，投資性公司，通常の外商投資企業ともに，日本親会社の配当に関しては，10％の企業所得税が源泉徴収されます。ただし，配当を中国国内で再投資する場合，現在の日中税制下では，投資性公司を経由して中国国内で再投資を行うことで，国外に配当する際の企業所得税10％と日本国内での配当益金算入部分の法人税負担を軽減させることができます。

⑤ **地域本部として認定された場合の優遇**

一定の条件を満たせば，投資性公司が地域本部として認定され，奨励金の交付等さまざまな優遇を受けることができます（本章第3節参照）。

3 「管理性公司」を設立するケース

管理性公司とは，一般的に出資する関連各社に対して，経営企画，販売，財務，内部管理等のサービスを提供し一定の管理機能を有する会社と解されています。しかし，これについて定めた具体的な国家レベルの関連規定は存在していません。昨今，上海，北京，広州，深圳などの地域では，投資性公司とならび管理性公司も当地の「地域本部」として認可するものと定めた地方法令が制定されています。各地方において，一定の要件を充足し，「地域本部」として

認められた企業に対しては，さまざまな優遇が認められています。管理性公司の概念は地域によって異なりますが，ここでは上海における地域本部について解説していきます。

上海においては，2017年1月に滬府発［2017］9号『改定後の「上海市の多国籍企業による地域本部設立を奨励することに関する規定」印刷・公布に関する通知』が公布され，従来の多国籍企業による地域本部の誘致に関する規定が改定・統合され，2017年2月1日から執行されています[注]。

管理性公司の機能は，企業管理公司の機能とおおむね同様であり，地域本部や本部型機構として認定されて初めて優遇等を享受することができます。

以下では，上海における地域本部の管理性公司について解説します。

(注) 従前の滬府発［2011］98号（有効期間2011年12月9日から5年間）では，「管理性公司とは，多国籍企業が統合管理，研究開発，資金管理，仕入，販売，物流およびサポートサービス等の運営職能のために設立した会社」と定義されていましたが，9号通知では管理性公司について具体的な定義はなされていません。

(1) 管理性公司（地域本部）の設立条件

管理性公司について地域本部の設立条件は以下のように定められています。

① **独立法人格を有する外商投資企業**
② **親会社の資産総額が4億米ドル（サービス業の場合は3億米ドル）を下回らないこと**
③ **以下のいずれかを満たすこと**
　ⅰ）親会社が中国国内にて設立した外商投資企業の払込済み登録資本金の総額が1,000万米ドルを下回らず，かつ親会社が授権管理する国内外の企業数が3を下回らないこと
　ⅱ）親会社が授権管理する中国国内外の企業数が6を下回らないこと
④ **管理性公司の登録資本金が200万米ドルを下回らないこと**

ただし，所在地区の経済発展に突出した貢献がある場合は条件緩和される可能性があります。

(2) 管理性公司（地域本部）の特徴

　管理性公司には，通常の統括機能のみならず，地域本部の認定を受けると助成金の交付等さまざまな優遇を受けることができます。また，投資性公司と比較すると投資額を抑えることができ，かつ，地域本部のメリットを享受することができます。地域本部については，本章第3節で説明します。

❹　統括会社の形態を選択するにあたってのポイント

　上記のように統括会社として相応しい形態としては，企業管理公司（独資または合弁），投資性公司（地域本部認定），管理性公司（地域本部認定）があげられます。統括会社の形態を検討する際には以下の点に留意する必要があります。

(1) 新規投資計画の規模

　統括会社の設立にあたっては，まず新規投資計画の規模を検討する必要があります。上記のように，投資性公司設立には，実質的に非常に多額の資金が要求されており，将来的に大型投資をする場合には適した組織形態となります。

　一方，設立検討時点で大型投資を予定していない場合は，企業管理公司または管理性公司（地域本部認定）として統括会社を設立するのが妥当です。仮に将来的に大型投資が必要となった場合，増資をして投資性公司に変更することも可能です。

(2) 統括機能

　一般的な統括機能としては，グループ意思決定や生産・営業計画などの経営企画機能，財務・経理機能，情報システム・人事総務などの内部管理機能ですが，この点，企業管理公司，投資性公司（地域本部認定）および管理性公司（地域本部認定）いずれも問題なく行えます。投資性公司（地域本部認定）および管理性公司（地域本部認定）はこれに加え，一定の条件を満たす場合，販

売購買統括,研究開発,物流配送サービス等を行うことが可能です。

(3) 出資および資金調達機能

一般的に投資性公司は,出資および資金調達機能が優れており,多数の子会社に出資するケースや,子会社からの配当や外貨借入をもとに新規設立や増資を行うケースに適しているといえます。

図表7-3　企業管理公司,投資性公司,管理性公司　比較表

<table>
<tr><th colspan="2"></th><th>企業管理公司
(独資または合弁)</th><th colspan="2">投資性公司
(地域本部認定)</th><th colspan="2">管理性公司
(地域本部認定)</th></tr>
<tr><td rowspan="4">設立条件</td><td>登録資本金</td><td>規定なし（基本的に会社法に基づく）</td><td colspan="2">規定なし（実質的には,3,000万米ドル以上を要する）</td><td colspan="2">200万米ドル以上</td></tr>
<tr><td>親会社の資産総額</td><td>−</td><td colspan="2">4億米ドル以上</td><td colspan="2">4億米ドル（サービス業は3億米ドル）以上</td></tr>
<tr><td>親会社の中国国内での払込済み登録資本金総額</td><td>−</td><td>1,000万米ドル超</td><td>3,000万米ドル超</td><td>1,000万米ドル超</td><td>−</td></tr>
<tr><td>親会社の中国国内外商投資企業数</td><td>−</td><td colspan="2">10社以上</td><td>3以上</td><td>6以上</td></tr>
<tr><td rowspan="5">業務範囲</td><td>国内仕入販売</td><td>一般的には×</td><td colspan="2">○</td><td colspan="2">○</td></tr>
<tr><td>輸出入</td><td>一般的には×</td><td colspan="2">○</td><td colspan="2">○</td></tr>
<tr><td>管理コンサルティング業務</td><td>○</td><td colspan="2">○</td><td colspan="2">○</td></tr>
<tr><td>技術支援</td><td>○</td><td colspan="2">○</td><td colspan="2">○</td></tr>
<tr><td>研究開発</td><td>×</td><td colspan="2">○</td><td colspan="2">○</td></tr>
<tr><td rowspan="2">資金調達</td><td>外債枠※</td><td>投注差
マクロプルーデンス法</td><td colspan="2">払込資本金の4倍または6倍まで拡大
マクロプルーデンス法</td><td colspan="2">投注差
マクロプルーデンス法</td></tr>
<tr><td>リース</td><td>×</td><td colspan="2">○</td><td colspan="2">×</td></tr>
<tr><td rowspan="4">投資に利用可能な資金原資</td><td>資本金</td><td>×</td><td colspan="2">○</td><td colspan="2">×</td></tr>
<tr><td>投資先からの配当収入</td><td>×</td><td colspan="2">○</td><td colspan="2">×</td></tr>
<tr><td>外貨借入</td><td>×</td><td colspan="2">○</td><td colspan="2">×</td></tr>
<tr><td>事業収益</td><td>○</td><td colspan="2">×</td><td colspan="2">○</td></tr>
</table>

地域本部優遇	設立補助金	×	◎	○
	家賃補助金	×	○	○
	奨励金	×	◎	○
	人員管理優遇	×	○	○
	通関利便化	×	○	○

※ 日本親会社からの借入金など外国から借入を受ける場合，対外債務として外貨管理局への外貨登記が必要です。

第3節　地域本部の優遇について

　上述のとおり，上海市は，滬府発［2017］9号を公布し，多国籍企業の地域本部および本部型機構を上海市に誘致するための優遇措置等を改めて規定しました（2017年2月1日から5年間有効）。以下において，上海市における地域本部および本部型機構の概要および優遇について解説します。

1　地域本部とは

　上海における地域本部とは，国外で登録された親会社が上海市に設立し，投資または授権形式により1か国以上の区域内における企業に対して管理およびサービス等に関する職能を履行する唯一の本部機能のことをいいます。多国籍企業は，独資の投資性公司や管理性公司等の独立した企業組織形態により，上海において地域本部を設立することができます。

2　地域本部の認定条件

　以下の(1)または(2)に該当する場合は，地域本部の認定を申請することができます。

(1) 設立済みの投資性公司
(2) 一定の条件をすべて満たす管理性公司

地域本部の申請ができる管理性公司の設立条件は本章第2節**3**(1)を参照ください。

3 地域本部の具体的な優遇措置

滬府発［2017］9号では，地域本部に対して以下のような優遇措置が認められています（ただし，2017年9号通達に関する具体的な規定は2017年6月末現在公布されていません）。

(1) 設立およびオフィス賃貸の補助金，および経営管理・資金管理・研究開発・仕入・販売・物流およびサポートサービス等の総合的な運営機能を有し，かつ，経済発展に突出した貢献があり，良好な効益を得ている場合の奨励金等を得ることができる。
(2) 資金の集中管理業務を行うことができる。
(3) 関連人員の出入国や行政手続に関する出入国手続の簡素化や居留許可に関する便宜を受けることができる。
(4) 誘致した外国籍人材の上海市における業務・関連証書の申請，国内の優秀な人材に対する上海戸籍の取得など，人材誘致に関する便宜を受けることができる。
(5) 通関効率を向上させ，その貨物輸出入のための通関便宜の提供，保税物流センターや配送センターを設立し，物流を整合する場合には税関・外貨・出入国検査検疫等の部門による利便的な監督管理措置を受けることができる。

4 本部型機構とは

上海市では，地域本部の基準に達していないものの，国外で登記された親会

社の一か国以上の区域内の管理方針決定・資金管理・仕入・販売・物流・決済・研究開発・トレーニング等のサポートサービスの多項目の機能を実際に受け持つ外商独資企業（分支機構を含む）を本部型機構として認定し，上述の出入国手続の簡素化，人材誘致，貨物輸出入の通関効率の向上などの便宜を図っています。なお，本部型機構の設立条件は以下のとおりです。
① 独立法人格を有する外商独資企業またはその分支機構
② 親会社の資産総額が2億米ドルを下回らず，中国国内において既に2社を下回らない外商投資企業を投資設立し，うち少なくとも1社は上海で登記していること
③ 登録資本金（分支機構の場合は総公司が支給した運営資金）が200万米ドルを下回らないこと

第4節 持分譲渡について

　日本，香港，シンガポール，中国等，複数拠点がある場合の組織再編の一環として，または買収等により，持分譲渡手続を行うことになります。以下は，よく見受けられる中国法人が絡む統括会社を用いた組織再編事例です。

（事例1）	日本本社は，中国法人および香港法人（またはシンガポール法人）にそれぞれ100％出資 　⇒香港法人（またはシンガポール法人）を統括会社として，中国法人を香港法人の傘下に収める
（事例2）	日本本社は，中国法人に100％出資 　⇒日本本社は中国において統括会社を設立し，中国法人を中国統括会社の傘下に収める

　（事例1）の場合，日本本社は，香港法人（またはシンガポール法人）に，中国法人の持分を譲渡することが一般的です。この場合，中国において持分譲

渡手続を行うこととなります。

（事例2）の場合，日本本社は，現金出資で統括会社を設立し，統括会社に中国法人の持分を譲渡することが一般的です（中国法人を持分出資して統括会社を設立する方法（本章第5節）や現金出資で統括会社を設立し中国法人の持分を追加出資により移転させる方法もあります）。この場合，中国において持分譲渡手続を行うこととなります。

以下においては，中国において組織再編の手法として一般的に用いられる持分譲渡手続について解説します。

1 当局への手続

持分譲渡手続は認可事項です。出資会社間で譲渡協議書を締結したとしても，当局の認可が得られなければ譲渡は完了しません。持分譲渡手続では，株主変更に関する工商登記，税務登記，組織機構コード，税関，外貨管理局，基本口座，社会保険登記，住宅積立金登記の更新が必要となります。

2 注意事項

(1) 資産評価の必要性

持分譲渡手続は当局の批准を必要とし，譲渡対価の合理性を判断するため，資産評価を要求されることがあります。

また持分譲渡対価により譲渡益に係る税額は異なるため，譲渡対価が合理的であるかを判断するために，税務当局から資産評価を求められることがあります。商務部門において持分譲渡手続の内容が批准されたとしても，税務申告に関しては，譲渡価格を計算基礎とはせず，税務当局が譲渡価格の合理性を資産評価報告書から判断して，その納税基礎金額を修正する可能性もあります。

(2) 登記変更に伴う必要準備資料

　持分譲渡により，新たな（または参入する）出資会社への，現地法人の出資会社としての適正が審査されますが，これは取引銀行発行の資本信用証明より一定の判断がなされます。そこに記載された口座残高金額は，持分譲渡協議書に記載された譲渡対価を上回っていることが望ましいとされています（持分譲渡により新たに出資者となる会社の信用，能力を確認しているといえます）。

(3) パスポート原本の提示

　中国の手続においては，設立時も同様ですが，政府の一部部門および銀行等から，法定代表人のパスポート提示が求められることがあります。提示をしないと手続を先に進められないことになりますので，どの部門，いつの時点で必要なのか，あらかじめ確認をしておくのが望ましいといえます。

(4) その他の変更を伴う場合

　持分譲渡手続により，社名の変更，増資，経営範囲の変更などを伴う場合は，手続は複雑となりますが，持分譲渡手続と合わせて，一度に手続を実施することが可能です。

　しかし，増値税発票の変更などに伴い，経営に影響を及ぼす可能性がある場合には，手続は別途行うのがよいか，一緒に行うのがよいか，事前にスケジュール確認をしながら決定するのが望ましいといえます。

(5) デューデリジェンスの必要性

　グループ間であれば管理者が実質変わらないので，事前にデューデリジェンスを実施しないケースもあります。しかし，公認会計士等の専門家によるデューデリジェンスを実施し，譲渡価格の決定の基礎となる財務諸表の妥当性を検討，および，譲渡対象法人のリスクを理解したうえで，最終的な意思決定をすべきといえます。

第5節 持分出資について

　中国国外の投資者は，その所有する中国法人の持分をもって出資をし，外商投資企業（投資性公司および管理性公司を含む）を設立または変更することができます。

　持分出資は中国国内に統括会社を設立する際に有用な手法です。例えば，日本本社が中国法人に100％出資しているケースで，中国国内に統括会社を設立したい場合，中国法人の持分を統括会社に出資することができます。以下においては持分出資の規定について解説していきます。

1　持分出資が可能な主な条件

(1) 出資持分は，所有権が明確で，持分の権限が完全，かつ法的に譲渡可能
(2) 持分企業が外商投資企業である場合，当該企業が法に基づき設立され，外商投資産業政策に適合
(3) 持分出資後，投資先企業と持分企業およびその直接的あるいは間接的な持分企業が，「外商投資方向指導規定」等に合致

2　持分出資が不可能なケース

(1) 持分企業の登録資本が十分に払い込まれていない場合
(2) 質権が設定されている持分
(3) 法に基づき凍結されている持分
(4) 持分企業の定款等で譲渡不可と規定された持分
(5) 規定どおりに前年度の聯合年検を実施しておらず，または年度検査に合

格していない外商投資企業の持分
(6) 不動産企業，投資性公司，外商投資ベンチャー（持分）企業の持分
(7) 法律，行政法規あるいは国務院の決定に基づき，持分譲渡の許認可が必要とされる場合で，認可を取得していない持分
(8) 法律，行政法規あるいは国務院決定に規定されたその他の譲渡不可の場合

3 持分出資の金額制限

　出資に用いられる持分については，法令に基づき設立された中国内の評価機関により評価されなければならないと規定されています。また，持分評価後，持分出資者と投資先企業の出資者は，協議を通じて，持分評価金額と持分出資金額を決定しますが，持分出資金額は持分評価金額を超えてはならないとされています。

第6節　持分譲渡および持分出資に係る税務の取扱い

　2008年1月1日以降，企業所得税法の大型改正に伴って，持分譲渡等に係る課税強化の通知が相次いで公布されており，持分譲渡および持分出資に係る税務については注意が必要です。
　中国国内の資産等を譲渡することによって外国法人が得る所得については，中国において企業所得税を納税する必要があり，日本に本店が所在する企業が譲渡者の場合は，日中租税条約第13条に従い，譲渡により得た所得で中国国内において生じるものに対して，中国が課税することができると規定しています。

これにより，中国法人の持分譲渡および持分出資により生じる収益に対し所得の源泉地国である中国が課税することができることになるため，対象法人の所在地である中国で企業所得税を計算し，納付する必要があります。当該中国で納付した税額は，日本の法人税計算上，外国税額控除の対象となります。

1 持分譲渡等の所得の税率

企業所得税の基本税率は，居住企業25％，非居住企業20％となります（企業所得税法第4条）が，非居住企業の配当・利息・持分譲渡等による中国国内源泉所得に係る税率は10％に軽減されています（企業所得税法実施条例第91条）。したがって，日本本社が中国子会社の持分譲渡等により発生した譲渡所得には，10％の企業所得税が課税されます。

2 企業再編業務における企業所得税処理について

財税〔2009〕59号「企業再編業務における企業所得税処理の若干の問題に関する通知」および財税〔2014〕109号「企業再編に関連する企業所得税処理問題の促進に関する通知」は，組織再編税制における企業所得税の原則的通知となります。これらおよび関連する通知や公告(注)が公布されたことにより，幾分の条件緩和を含みつつ，組織再編に関する企業所得税の取扱いや手続が明確化され，持分譲渡時の取引価格の合理性や組織再編により中国国外企業を含む企業が納付すべき税金についても，厳格に管理されています。

(注)「企業再編市場環境の更なる最適化に関する意見」（国発〔2014〕14号），「非貨幣性資産投資の企業所得税政策問題に関する通知」（財税〔2014〕116号），企業再編業務における企業所得税徴収管理の若干問題に関する公告」（国家税務総局公告2015年第48号）など。

(1) 企業再編についての定義

財税〔2009〕59号では「企業再編」とは，「企業の日常の経営活動以外に，

法律的あるいは経済的な構造に重大な変化を与える取引」とし，企業再編取引について以下のとおり具体的に定義しています。すなわち，持分譲渡および持分出資は「企業再編取引」に該当することとなります。

図表7-4　再編取引の定義

①	法律形式の変更	企業の登録名称，住所，組織等の簡単な変更
②	債務再編	債務者に財務上困難な状況が発生した時，債権者が書面協議あるいは裁判所での裁定に基づく，債務者の債務に対する譲歩事項
③	持分買収	ある企業が他の企業の持分を購入することにより，当該企業に対する支配を実現する取引
④	資産買収	ある企業が他の企業の実質的な経営性資産を購入する取引
⑤	企業合併	ある企業あるいは複数の企業（被合併企業）がその全部の資産と負債を，現存する他の企業もしくは新設企業（合併企業）へと譲渡し，被合併企業の株主は合併企業の持分との交換あるいは持分以外の支払を受けることにより，2社あるいは2社以上の合併を実現する取引
⑥	企業分割	ある企業（被分割企業）の一部あるいは全部の資産を現存あるいは新設の企業（分割企業）へ譲渡し，被分割企業の株主は分割企業の持分あるいは持分以外の支払を受けることにより，分割を実現する取引

(2) 課税基礎の違いによる税額の差

　例えば持分を買収する場合，持分売買当事者同士で取引価格を決定しますが，持分には出資した当時の簿価と，譲渡した価格（公正価値）とがあり，どちらを基準にして企業所得税を計算するかが問題となります。

　公正価値を基準とした場合は簿価と公正価値との差額が譲渡益となり企業所得税が発生しますが（一般税務処理），簿価を基準にした場合は譲渡益がゼロですので譲渡時は事実上免税となります（特別税務処理）。

　組織再編においては，原則的に課税が生じるもの（一般税務処理）と考えられていますが，一定の条件に該当する場合には課税の繰延（特別税務処理）が

認められています。

なお，一般税務処理の場合は，原則どおり，持分譲渡所得に対して10%の企業所得税が発生します。

> 持分譲渡所得＝持分譲渡価格－持分譲渡原価
> 企業所得税＝持分譲渡所得×10%

(3) 特別税務処理の条件

一般税務処理は，日本での「非適格組織再編処理」に相当し，一定の条件に該当した場合に課税の繰延処理ができる特別税務処理は，日本での「適格組織再編処理」に相当します。組織再編において，下記のすべての条件を満たす場合に限り，特別税務処理を適用することが認められています。

① 合理的な商業目的を持ち，納付税額の減少や免除，延払を主要な目的とするものではないこと

② 合併，分割される資産または持分割合が一定割合であること。つまり，持分買収の場合，買収企業が買収した持分は，被買収企業のすべての持分の50%以上である必要があり，資産買収の場合，買収した資産は，譲受企業におけるすべての資産の50%以上であること

③ 組織再編後の連続する12か月以内に再編資産の元の実質的営業活動が変化しないこと。これは再編後の連続する12か月においては，譲り受けた資産を引き続き同様の目的にて経営活動を継続させることを意味します。

④ 再編取引の対価である持分支払割合が一定割合以上であること。つまり，持分買収・資産買収・合併・分割において，取引総額に占める持分支払額が85%以上であることを条件としています。逆に現金預金，未収債権や固定資産等の持分以外の対価は15%未満である必要があります。

⑤ 企業再編において持分による支払を取得した旧主要株主は再編後の連続する12か月以内に持分を譲渡しないこと

⑥ 100%直接支配している居住者企業間，および同一あるいは共通の複数

の居住者企業から100％直接支配を受けている居住者企業間の正味帳簿価額に基づく持分あるいは資産の移転は，合理的商業目的を有し，上述の③および⑤の要件を満たし，かつ，移転側企業と受取側企業は共に会計上で損益を認識していないこと

また，持分譲渡および持分出資が中国国内と中国国外をまたぐ場合（日本本社が中国法人持分を中国統括会社に譲渡または持分出資するケース等）には次の追加条件が要求されます。

① 非居住企業が保有する居住企業の持分を，100％直接支配する他の居住企業に譲渡する場合は，将来年度においてその持分譲渡による所得に係る源泉税負担が変化せず，かつ，譲渡側の非居住企業が，主管税務局に対し，保有する譲受側非居住企業の持分を３年以内に譲渡しないことを，書面をもって承諾すること
② 非居住企業が保有する居住企業の持分を100％直接支配する居住企業に譲渡すること
③ 居住企業が保有する資産や持分をもって，100％直接支配する非居住企業に投資すること
④ その他，財政部，国家税務総局が許可する状況に該当すること

(4) 非貨幣性資産で投資した場合の企業所得税の優遇措置

居住者企業の非貨幣性資産による対外投資で認識された，現金，銀行預金，売掛金，受取手形および満期保有目的の債券投資等の貨幣性資産以外の資産非貨幣性資産譲渡所得に対する企業所得税の納税の繰り延べ措置も図られています。すなわち，居住者企業が持分や技術等の非貨幣性資産による持分出資で得た資産評価益を５年以内で各年度所得に均等計上して企業所得税を納付することができるとしています。なお，非貨幣性資産による投資を行った場合において，特殊税務処理の要件を充足する場合には，特殊税務処理を適用することもできます。

第8章

事例検討

事例1：シンガポールに統括会社を設立した場合の税負担

　図表8-1のとおり，日本親会社の100％子会社が3社あり（シンガポール，香港および上海），そのうちの香港持分および上海持分をシンガポールにすべて譲渡し，シンガポール子会社を香港子会社および上海子会社の統括会社とした場合，シンガポール統括会社に関わる主なグループ税負担の増減は下記のとおりです。

図表8-1　シンガポールの事例

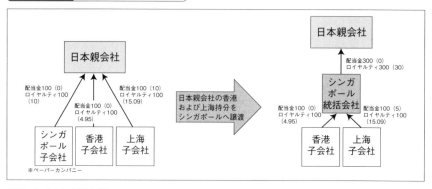

（注）（　）内は源泉税

前　提

＜再編前＞

① 日本本社が，シンガポール，香港，上海の出資持分を100％保有しており，これら子会社3社から配当および無形資産の使用許諾に係るロイヤルティを100ずつ受け取る。

② シンガポール子会社はペーパーカンパニーであり，日本ではタックス・ヘイブン対策税制の適用除外を受けられない。

事例1：シンガポールに統括会社を設立した場合の税負担　　***211***

＜再編後＞
① 日本本社は，香港および上海法人の出資持分100％をシンガポール子会社に譲渡し，シンガポール子会社を香港および上海法人を統括する統括会社とする。
② シンガポール統括会社は，香港および上海各子会社から配当を100ずつ受け取り，日本親会社に配当を300送金する。
③ シンガポール統括会社は，日本親会社より使用の許諾を受けた無形資産に係るロイヤルティ300を日本親会社に支払い，香港および上海各子会社に使用を再許諾した無形資産に係るロイヤルティ100を各子会社から受け取る。
④ シンガポール統括会社は，この再編を通じ，日本のタックス・ヘイブン対策税制の適用対象外となるものとする。

＜税負担額の比較＞
前提に基づき，再編前と再編後のグループ全体の税負担額を比較する。
※　株式譲渡に伴う課税の影響額および増値税の源泉徴収税額に対して生じる附加税の源泉徴収税額の影響額は単純化のため考慮しない。
※　シンガポール統括会社において，外国税額控除の対象となる源泉税額は全額控除できるものとする。

源泉税の内訳

＜再編前＞

	シンガポール	香港	上海
配当金	源泉徴収無し	源泉徴収無し	企業所得税 100×10％＝10
ロイヤルティ	法人税 100×10％＝10	事業所得税 100×30％※× 16.5％＝4.95	企業所得税 100/(1＋6％) ×10％＝9.43 増値税 100/(1＋6％) ×6％＝5.66

＜再編後＞

	シンガポール	香港	上海
配当金	源泉徴収無し	源泉徴収無し	企業所得税(中星租税条約) 100×5％＝5
ロイヤルティ	法人税 300×10％＝30	事業所得税 100×30％※× 16.5％＝4.95	企業所得税 100/(1＋6％) ×10％＝9.43 増値税 100/(1＋6％) ×6％＝5.66

※　みなし所得率30％で算出（以下，事例1から3で同様）。

損益計算書

	×1年度＜再編前＞				×2年度＜再編後＞			
	日本本社	シンガポール子会社	香港子会社	上海子会社	日本本社	シンガポール統括会社	香港子会社	上海子会社
売上	100,000.00	50,000.00	50,000.00	30,000.00	100,000.00	50,000.00	50,000.00	30,000.00
（ロイヤルティ収入）	300.00				300.00	200.00		
原価	80,000.00	40,000.00	40,000.00	24,000.00	80,000.00	40,000.00	40,000.00	24,000.00
粗利	20,300.00	10,000.00	10,000.00	6,000.00	20,300.00	10,200.00	10,000.00	6,000.00
販売管理費	10,000.00	5,000.00	5,000.00	5,000.00	10,000.00	5,000.00	5,000.00	5,000.00
（支払ロイヤルティ）		100.00	100.00	94.34		300.00	100.00	94.34
（源泉税）	40.04				30.00	25.04		
営業外収益								
（配当）	300.00				300.00	200.00		
税引前利益	10,559.96	4,900.00	4,900.00	905.66	10,570.00	5,074.96	4,900.00	905.66

合計税額

＜再編前＞

日本本社
税引前利益	a		10,559.96
受取配当金	b=300×95%		(285.00)
源泉税	c		416.88
タックス・ヘイブン対策税制課税対象額	d		4,517.50
課税所得	e=a+b+c+d		15,209.34
法人税（29.97%）	f=e×29.97%		4,558.24
外国税額控除	g		(416.32) （※）
法人税			4,141.92
税コスト			4,141.92

シンガポール子会社
税引前利益	a		4,900.00
受取配当金	b		0.00
源泉税	c		0.00
部分免除前課税所得	d=a+b+c		4,900.00
第一段階部分免税（最初のS$10,000 × 75%）	e		(600) #
第二段階部分免税（次のS$51,250 × 50%）	f		(2050) #
部分免税控除後課税所得	g=d+e+f		2,250
法人税（17%）	h=g×17%		382.5
外国税額控除	i		0.00
法人税			382.5
# S$1=80円として算出			
税コスト			382.5

＜再編後＞

日本本社
税引前利益	a		10,570.00
受取配当金	b=300×95%		(285.00)
源泉税	c		30.00
タックス・ヘイブン対策税制課税対象額	d		0.00
課税所得	e=a+b+c+d		10,315.00
法人税（29.97%）	f=e×29.97%		3,091.41
外国税額控除	g		(30.00) （※）
法人税			3,061.41
税コスト			3,061.41

シンガポール統括会社
税引前利益	a		5,074.96
受取配当金	b		(200.00)
源泉税	c		19.38
部分免除前課税所得	d=a+b+c		4,894.34
第一段階部分免税（最初のS$10,000 × 75%）	e		(600) #
第二段階部分免税（次のS$51,179.25 × 50%）	f		(2,047.17) #
部分免税控除後課税所得	g=d+e+f		2,247.17
法人税（17%）	h=g×17%		382.02
外国税額控除	i		(14.38)
法人税			367.64
# S$1=80円として算出			
税コスト			367.64

事例1：シンガポールに統括会社を設立した場合の税負担　*213*

香港子会社			
税引前利益	a		4,900.00
課税所得	b		4,900.00
法人税（16.5%）	c=b×16.5%		808.50
法人税			808.50
税コスト			808.50
上海子会社			
税引前利益	a		905.66
課税所得	b		905.66
企業所得税（25%）	c=b×25%		226.42
企業所得税			226.42
税コスト			226.42
合計税コスト			**5,559.34**

※
外国税額控除額の計算
1）直接外国税額控除
　　ロイヤルティに係る源泉

源泉税（Sin）		10
源泉税（HK）		4.95
源泉税（SH）		9.43

2）みなし外国税額控除　　源泉税（SH）　　9.43
3）特定外国関係会社に係る外国税額控除　　シンガポール　　382.50
　　小計　　416.32
4）控除限度額

$$4,558.24 \times \frac{5,534.38}{15,209.34} = 1,658.66$$

∴　外国税額控除額　　416.32

香港子会社			
税引前利益	a		4,900.00
課税所得	b		4,900.00
法人税（16.5%）	c=b×16.5%		808.50
法人税			808.50
税コスト			808.50
上海子会社			
税引前利益	a		905.66
課税所得	b		905.66
企業所得税（25%）	c=b×25%		226.42
企業所得税			226.42
税コスト			226.42
合計税コスト			**4,463.96**

※
外国税額控除額の計算
1）直接外国税額控除
　　ロイヤルティに係る源泉

源泉税（Sin）		30
源泉税（HK）		
源泉税（SH）		

2）みなし外国税額控除　　源泉税（SH）
3）特定外国関係会社に係る外国税額控除　　シンガポール
　　小計　　30
4）控除限度額

$$3,091.41 \times \frac{630.00}{10,315.00} = 188.31$$

∴　外国税額控除額　　30.00

1　香港持分および上海持分の譲渡損益課税

　譲渡側である日本の税務上は，100％子会社に対する現物出資は適格再編とみなされ，譲渡時の譲渡損益課税が発生しない取引に該当します。株式譲渡については，100％子会社に対するものであっても，譲渡損益課税が発生する取引に該当します。

　譲受け側であるシンガポールの会社法上，出資は必ず現金で払い込まなければならないという規定はなく，現物出資も可能です。日本親会社より上海子会社および香港子会社の全株式を譲り受けた時点では，シンガポールにおいて当該譲受取引に係る課税関係は発生しません。

　また，譲渡対象子会社がある香港の税務上は，キャピタルゲインおよびロスは非課税であり，また日港租税協定の規定からも，本事例による収益は香港で

は課税されません。

　同じく譲渡対象子会社がある中国の税務上は，中国の財産を譲渡することと等しいとされるために，株式譲渡所得に対する10％の譲渡損益課税（企業所得税の源泉課税）が発生します。一定の要件を満たせば，日本の適格再編に相当する特殊税務処理に該当し，当該譲渡損益課税が繰り延べられるとされていますが，実務上，中国税務局による承認を容易に受けられないのが現状です。

2　配当金

(1)　支払配当金

　シンガポール国内の法人より支払われる配当金は，ワンティアシステム[注]の採用により，シンガポール国内外の株主に対して課税されないため，日本親会社へ支払われる配当金は非課税となります。

　また，香港子会社からシンガポール統括会社へ支払う配当については，香港では非課税となり，源泉税は発生しません。

　上海子会社からシンガポール統括会社へ支払う配当については，支払時に企業所得税の源泉課税を受けますが，源泉税率は中星租税条約により原則5％であるため，中国内の法人が日本親会社へ配当金を支払う場合の源泉税率10％に比べ5％の軽減となります。

(注)法人が稼得した所得に対する法人税の課税が最終課税であるとする考え方

(2)　受取配当金

　シンガポール国外からの受取配当金は，原則としてシンガポールで受領された時点で課税対象となります。ただし，上海子会社および香港子会社から受ける配当金は，国外源泉所得の免税要件[注]を満たしている限り，シンガポールで課税されません。

　以上から，本事例において配当金に関しては，税負担の変化が全体として，日本親会社への配当支払に係る源泉税10からシンガポール統括会社への配当支

払に係る源泉税5へと変化し，配当源泉税の負担が減少するため，再編による
メリットがあるといえます。
(注) 第3章第1節**7**(3)を参照ください。

3 ロイヤルティ

(1) 支払ロイヤルティ

シンガポール統括会社から日本親会社へ支払われるロイヤルティは，シンガポールにおいて10％の法人税が源泉徴収されます。

香港子会社からシンガポール統括会社へ支払われるロイヤルティは，香港において通常，みなし所得率30％に事業所得税率16.5％を乗じた4.95％の税率による事業所得税が源泉徴収されます。

また，上海子会社からシンガポール統括会社へ支払われるロイヤルティは，上海において，企業所得税10％および増値税6％が源泉徴収されます。その他，増値税額に対して，附加税（地域・地区によって異なります。以下同じ。）が源泉徴収されます。

(2) 受取ロイヤルティ

香港子会社または上海子会社から支払を受けたロイヤルティは，シンガポールで受領された時点で課税対象となります。ロイヤルティの支払時に課された源泉税につき，外国税額控除を行うことは可能ですが，必ずしも全額税額控除できるとは限りません。

その他，事例とは関連しませんが，日本親会社が形成した無形資産をシンガポール統括会社に移転するケースも考えられます。

この場合，譲渡側の日本では譲渡損益課税が発生します。

無形資産の移転を受けたシンガポールでは，生産性・技術革新控除スキーム(注)により，特定の知的財産の取得費用や登録費用等は，税務上，1賦課年度に1事業分野当たりS$40万を上限として，400％の損金算入が可能なため，

生産性・技術革新控除スキームを有効活用することにより，グループの税負担額は減少することになります。

　また，日本で課税されていたロイヤルティ収入については，無形資産の移転によりロイヤルティ収入を受けるシンガポールで課税されることになるため，シンガポール統括会社が日本のタックス・ヘイブン対策税制の適用対象外である場合には，日本とシンガポールの法人税率の差異による税負担額減少のメリットが考えられます。
(注) 第3章第1節**7**(6)⑮を参照ください。

　以下，事例にはあげていませんが，シンガポールに統括会社を有することにより想定される取引の課税関係やメリットをあげます。

4　利　息

(1) 支払利息

　シンガポール法人よりシンガポール非居住者に支払われる利息には，原則として源泉税率15％の法人税が課されますが，日本親会社への支払利息は日星租税条約により，10％の軽減税率が適用されます。金融財務センター優遇制度または認定海外ローン優遇制度(注)の認定を受けた場合は，利息支払時の源泉税は減免されます。

　香港子会社からシンガポール統括会社へ支払われる利息は，香港に源泉があるとされるものを除き源泉課税はありませんが，香港側で損金不算入の取扱いを受けます。

　また，上海子会社からシンガポール統括会社へ支払われる利息は，上海で10％の企業所得税および6％の増値税が源泉徴収されます。

　その他，増値税額に対して，付加税が源泉徴収されます。
(注) 第5章第5節を参照ください。

(2) 受取利息

シンガポール国外からの受取利息は，原則としてシンガポールで受領された時点で課税対象となります。利息の支払時に課された源泉税につき，外国税額控除を行うことは可能ですが，必ずしも全額税額控除できるとは限りません。

5 統括業務に関するサービス料

統括業務に関するサービス料収入は，原則シンガポールで課税されます。日本親会社が受けていたサービス料収入をシンガポール統括会社が受けることにより，シンガポール統括会社が日本のタックス・ヘイブン対策税制の適用対象外である場合には，日本とシンガポールの法人税率の差異による税負担額減少のメリットが考えられます。

6 シンガポール統括会社の資金活用

グループ内の資金還流は，通常，配当が考えられます。再編により各国で生じる源泉税額を低減させることよって，資金をシンガポール内にプールし，域内再投資や融資にまわすことにより，シンガポール統括会社が優遇税制の恩恵を受けられる可能性があります。賦課年度2018年（2017年度に終了する事業年度）までは，特定の知的財産や研究開発等に投資を行うことによって，生産性・技術革新控除スキームの恩恵を享受することができます。

シンガポールでは，経済開発庁の管轄のもと，地域統括会社や金融・財務の統括会社を有する会社に対し，税制優遇措置を設け，海外の地域統括会社の誘致を図っています。

事例2：香港に統括会社を設立した場合の税負担
（シンガポール法人と上海法人を統括するケース）

図表8-2のとおり，日本親会社の100％子会社が3社あり（シンガポール，香港および上海），そのうちのシンガポール持分および上海持分を香港にすべて譲渡し，香港子会社をシンガポール子会社および上海子会社の統括会社とした場合，香港統括会社に関わる主なグループ税負担の増減は下記のとおりです。

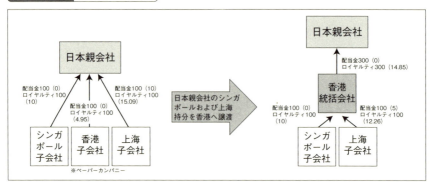

図表8-2　香港の事例①

（注）（　）内は源泉税

前　提
＜再編前＞
① 日本本社が，シンガポール，香港，上海の出資持分を100％保有しており，これら子会社3社から配当および無形資産の使用許諾に係るロイヤルティを100ずつ受け取る。
② 香港子会社はペーパーカンパニーであり，日本ではタックス・ヘイブン対策税制の適用除外を受けられない。

＜再編後＞
① 日本本社は，シンガポールおよび上海法人の出資持分100％を香港子会

事例２：香港に統括会社を設立した場合の税負担 **219**

社に譲渡し，香港子会社をシンガポールおよび上海法人を統括する統括会社とする。
② 香港統括会社は，シンガポールおよび上海各子会社から配当を100ずつ受け取り，日本親会社に配当を300送金する。
③ 香港統括会社は，日本親会社より使用の許諾を受けた無形資産に係るロイヤルティ300を日本親会社に支払い，シンガポールおよび上海各子会社に使用を再許諾した無形資産に係るロイヤルティ100を各子会社から受け取る。
④ 香港統括会社は，この再編を通じ，日本のタックス・ヘイブン対策税制の適用対象外となるものとする。

＜税負担額の比較＞

前提に基づき，再編前と再編後のグループ全体の税負担額を比較する。

※ 株式譲渡に伴う課税の影響額および増値税の源泉徴収税額に対して生じる附加税の源泉徴収税額の影響額は単純化のため考慮しない。
※ 香港統括会社が受け取るロイヤルティはオフショア所得となる可能性があるが，税務調査をクリアする必要がある等の実現可能性を考慮し，オンショア所得として計算する。

源泉税の内訳

＜再編前＞

	シンガポール	香港	上海
配当金	源泉徴収無し	源泉徴収無し	企業所得税 100×10％=10
ロイヤルティ	法人税 100×10％=10	事業所得税 100×30％× 16.5％=4.95	企業所得税 100/(1+6％) ×10％=9.43 増値税 100/(1+6％) ×6％=5.66

＜再編後＞

	シンガポール	香港	上海
配当金	源泉徴収無し	源泉徴収無し	企業所得税（中港租税協定） 100×5％=5
ロイヤルティ	法人税 100×10％=10	事業所得税 300×30％× 16.5％=14.85	企業所得税（中港租税協定） 100/(1+6％) ×7％=6.6 増値税 100/(1+6％) ×6％=5.66

損益計算書

	×1年度＜再編前＞				×2年度＜再編後＞			
	日本本社	シンガポール子会社	香港子会社	上海子会社	日本本社	シンガポール子会社	香港統括会社	上海子会社
売上	100,000.00	50,000.00	50,000.00	30,000.00	100,000.00	50,000.00	50,000.00	30,000.00
（ロイヤルティ収入）	300.00				300.00		200	
原価	80,000.00	40,000.00	40,000.00	24,000.00	80,000.00	40,000.00	40,000.00	24,000.00
粗利	20,300.00	10,000.00	10,000.00	6,000.00	20,300.00	10,000.00	10,200.00	6,000.00
販売管理費	10,000.00	5,000.00	5,000.00	5,000.00	10,000.00	5,000.00	5,000.00	5,000.00
（支払ロイヤルティ）		100.00	100.00	94.34		100.00	300.00	94.34
（源泉税）	40.04				14.85		27.26	
営業外収益								
（配当）	300.00				300.00		200	
税引前利益	10,559.96	4,900.00	4,900.00	905.66	10,585.15	4,900.00	5,072.74	905.66

合計税額

＜再編前＞

日本本社

税引前利益	a	10,559.96
受取配当金	b=300×95%	(285.00)
源泉税	c	842.88
タックス・ヘイブン対策税制課税対象額	d	4,091.50
課税所得	e=a+b+c+d	15,209.34
法人税（29.97%）	f=e×29.97%	4,558.24
外国税額控除	g	(842.32) （※）
法人税		3,715.92
税コスト		3,715.92

シンガポール子会社

税引前利益	a	4,900.00
受取配当金	b	0.00
源泉税	c	0.00
部分免除前課税所得	d=a+b+c	4,900.00
第一段階部分免税（最初のS$10,000×75%）	e	(600) #
第二段階部分免税（次のS$51,250×50%）	f	(2050) #
部分免税控除後課税所得	g=d+e+f	2,250
法人税（17%）	h=g×17%	382.5
外国税額控除	i	0.00
法人税		382.5
# S$1=80円として算出		
税コスト		382.5

＜再編後＞

日本本社

税引前利益	a	10,585.15
受取配当金	b=300×95%	(285.00)
源泉税	c	14.85
タックス・ヘイブン対策税制課税対象額	d	0.00
課税所得	e=a+b+c+d	10,315.00
法人税（29.97%）	f=e×29.97%	3,091.41
外国税額控除	g	(14.85) （※）
法人税		3,076.56
税コスト		3,076.56

シンガポール子会社

税引前利益	a	4,900.00
受取配当金	b	0.00
源泉税	c	0.00
部分免除前課税所得	d=a+b+c	4,900.00
第一段階部分免税（最初のS$10,000×75%）	e	(600) #
第二段階部分免税（次のS$51,250×50%）	f	(2050) #
部分免税控除後課税所得	g=d+e+f	2,250
法人税（17%）	h=g×17%	382.5
外国税額控除	i	0.00
法人税		382.5
# S$1=80円として算出		
税コスト		382.5

香港子会社				香港統括会社			
税引前利益	a		4,900.00	税引前利益	a		5,072.74
受取配当金			0.00	受取配当金	b		(200.00)
				ロイヤルティ			(200.00)
源泉税			0.00	源泉税	c		21.60
課税所得	b		4,900.00	課税所得	d=a+b+c		4,694.34
法人税（16.5%）	c=b×16.5%		808.50	法人税（16.5%）	e=d×16.5%		774.57
外国税額控除			0.00	外国税額控除	f		0.00
法人税			808.50	法人税			774.57
税コスト			808.50	税コスト			774.57
上海子会社				上海子会社			
税引前利益	a		905.66	税引前利益	a		905.66
課税所得	b		905.66	課税所得	b		905.66
企業所得税（25%）	c=b×25%		226.42	企業所得税（25%）	c=b×25%		226.42
企業所得税			226.42	企業所得税			226.42
税コスト			226.42	税コスト			226.42
合計税コスト			**5,133.34**	**合計税コスト**			**4,460.04**

※
外国税額控除額の計算
1）直接外国税額控除
　　ロイヤルティに係る源泉
　　　　　　　　　　源泉税（Sin）　　　10
　　　　　　　　　　源泉税（HK）　　　4.95
　　　　　　　　　　源泉税（SH）　　　9.43
2）みなし外国税額控除　源泉税（SH）　　　9.43
3）特定外国関係会社に係　香港　　　　　808.5
　　る外国税額控除
　　　　　　　　　　小計　　　　　　842.32
4）控除限度額

$$4,588.24 \times \frac{5,534.38}{15,209.34} = 1,658.66$$

∴　外国税額控除額　　　　　　　　842.32

※
外国税額控除額の計算
1）直接外国税額控除
　　ロイヤルティに係る源泉
　　　　　　　　　　源泉税（Sin）
　　　　　　　　　　源泉税（HK）　　　14.85
　　　　　　　　　　源泉税（SH）
2）みなし外国税額控除　源泉税（SH）
3）特定外国関係会社に係　香港　　　　　　0
　　る外国税額控除
　　　　　　　　　　小計　　　　　　14.85
4）控除限度額

$$3,091.41 \times \frac{614.85}{10,315.00} = 184.27$$

∴　外国税額控除額　　　　　　　　14.85

1 シンガポール持分および上海持分の譲渡損益課税

　譲渡側である日本の税務上は，100％子会社に対する現物出資は適格再編とみなされ，譲渡時の譲渡損益課税が発生しない取引に該当します。株式譲渡については，100％子会社に対するものであっても，譲渡損益課税が発生する取引に該当します。譲受け側である香港の会社条例上，出資は必ず現金で払い込まなければならないという規定はなく，現物出資も可能です。日本親会社より，シンガポール子会社および上海子会社の全株式を譲り受けた時点では，香港において当該譲受取引に係る課税関係は発生しません。

また，譲渡対象子会社があるシンガポールの税務上は，2012年6月1日以降2022年5月31日までの期間の譲渡であり，譲渡法人が譲渡対象となる会社株式の20％以上を保有しており，かつ譲渡する直前まで24か月間以上当該会社の株式を保有している場合，譲渡損益課税は発生しません。譲渡法人が日本親会社で，譲渡対象がシンガポール子会社である組織再編時の株式譲渡である場合，通常この二要件を満たすものと考えられます。したがって，シンガポール国内において譲渡損益課税は発生しません。

　同じく譲渡対象子会社がある中国の税務上は，中国内の財産を譲渡することと等しいとされるため，株式譲渡所得に対する10％の譲渡損益課税（企業所得税の源泉課税）が発生します。一定の要件を満たせば，日本の適格再編に相当する特殊性税務処理に該当し，当該譲渡損益課税が繰り延べられるとされていますが，実務上，中国税務局による承認を容易に受けられないのが現状です。

2　配当金

(1) 支払配当金

　香港内の法人より支払われる配当金は，支払先の香港内外を問わず非課税取引となるため，日本親会社へ支払われる配当金に対し，源泉税は発生しません。また，シンガポール子会社から香港統括会社へ支払う配当については，シンガポールでは，ワンティアシステムの採用により株主に対して課税を行わないため源泉税は発生しません。

　上海子会社から香港統括会社へ支払う配当については，支払時に企業所得税の源泉課税を受けますが，源泉税率は中港租税協定により原則5％であるため，中国内の法人が日本親会社へ配当金を支払う場合の源泉税率10％に比べ5％の軽減となります。

(2) 受取配当金

　シンガポール子会社および上海子会社からの受取配当金は，香港では非課税

取引となり税負担は発生しません。

　以上から，本事例において配当金に関しては，税負担の変化が全体として，日本親会社への配当支払に係る源泉税10から香港統括会社への配当支払に係る源泉税5へと減少するため，再編によるメリットがあるといえます。

3　ロイヤルティ

(1)　支払ロイヤルティ

　香港統括会社から日本親会社へ支払われるロイヤルティは，香港において通常，みなし所得率30%に事業所得税率16.5%を乗じた4.95%の税率による事業所得税が源泉徴収されます。

　シンガポール子会社から香港統括会社へ支払われるロイヤルティは，シンガポールにおいて10%の法人税が源泉徴収されます。

　また，上海子会社から香港統括会社へ支払われるロイヤルティは，上海において，企業所得税7％および増値税6％が源泉徴収されます。その他，増値税額に対して，附加税が源泉徴収されます。

(2)　受取ロイヤルティ

　香港統括会社がシンガポール子会社または上海子会社から支払を受けたロイヤルティは，香港では通常オフショア所得(注)として非課税の取扱いを受けることが可能です。当該ロイヤルティが香港に源泉があるとみなされる場合は香港で課税されることになりますが，その場合，シンガポールおよび上海で源泉課税された法人所得税につき，香港統括会社において外国税額控除を行うことが可能です。

　その他，事例とは関連しませんが，日本親会社が形成した無形資産を香港統括会社に移転するケースも考えられます。

　この場合，譲渡側の日本では譲渡損益課税が発生します。

　日本で課税されていたロイヤルティ収入については，無形資産の移転により

ロイヤルティ収入を受ける香港で課税，もしくはオフショア所得として取り扱われることになるため，香港統括会社が日本のタックス・ヘイブン対策税制の適用対象外である場合には，日本と香港の法人税率の差異による税負担額減少のメリットが考えられます。
(注) 第3章第2節**4**(3)を参照ください。

　以下，事例にはあげていませんが，香港に統括会社を有することにより想定される取引の課税関係やメリットをあげます。

4　利　息

(1) 支払利息

　香港内の法人から香港非居住者に支払われる利息は，香港での課税所得を創出するものである場合や，香港に源泉があるとされるもの^(注)を除き，原則香港で損金不算入の取扱いを受け，源泉課税は適用されません。日港租税協定では日本親会社への支払利息に係る事業所得税の源泉税率の上限は10％と規定されていますが，香港の制度のほうが有利であるため源泉税は発生しないことになります（香港において源泉課税されるような場合は，日本親会社での外国税額控除の対象となります）。

　したがって，香港統括会社からの支払利息の金額が増加すると，香港では支払利息は損金不算入であるため，グループの税負担が増加する可能性があります。

　また，シンガポール子会社から香港統括会社へ支払われる利息は，香港シンガポール間は，租税協定がないためシンガポールで法人税15％の源泉課税を受けます。上海子会社から香港統括会社へ支払われる利息は，中港租税協定により企業所得税7％のほか6％の増値税が源泉徴収されます。また源泉徴収される増値税額に対し附加税が源泉徴収されます。
(注) 第3章第2節**4**(3)を参照ください。

(2) 受取利息

香港外からの受取利息は，当該受取利息が香港内に源泉があるとみなされる場合のみ香港で課税対象となります。日本親会社からの借入金をそのまま子会社へ転貸しているケースなど，香港に源泉があるとみなされないオフショア取引の場合，香港では非課税取引となります。香港に源泉があるとみなされ課税された場合は香港統括会社にて外国税額控除を行うことは可能です。

5 統括業務に関するサービス料

統括業務に関するサービス料収入は，原則香港で課税されます。日本親会社が受けていたサービス料収入を香港統括会社が受けることにより，香港統括会社が日本のタックス・ヘイブン対策税制の適用対象外である場合には，日本と香港の法人税率の差異による税負担額減少のメリットが考えられます。

6 香港統括会社の資金活用

香港統括会社のメリットとして資金活用の効率化もあげられます。金融の自由度の高い香港で資金を一元管理することにより，為替リスクの低減のほか，再投資や資金の融通，グループ拠点間の取引を仲介することによるネッティング（相殺）決済など，グループ全体の資金効率を高めることができます。加えて域内グループ拠点と第三者間の取引を仲介することで，グループファイナンス機能を持たせ，グループ企業の財務を支える役割を担うことができます。そのほか，中国本土への投資を考えた場合，香港は最大のオフショア人民元センターであり人民元調達の利便性が高いことも香港に統括会社を設置するメリットの1つといえます。さらに，2016年4月1日以降開始する事業年度から「適格コーポレートトレジャリーセンター優遇税制」の恩恵を享受できる可能性があります。これは一定の適用要件を満たすことで4(1)で述べた，海外関連会社からの借入金に対する支払利息の損金不算入が損金算入可能となり，さらに金

融財務活動に関連する受取利息などに対する税率が半減されるというものです。こうした制度設計を通じて，海外からの地域統括会社ならびにファイナンス機能を持った法人を積極的に誘致しています。

事例3：香港に統括会社を設立した場合の税負担
（中国本土法人2社を統括するケース）

香港に統括会社を設立する場合，事例2のケースのほか，中国本土に複数ある既存の法人を統括するケースが考えらます。

ここで，図表8-3のとおり，日本親会社の100％子会社が3社あり（香港，上海および深圳），そのうちの上海持分および深圳持分を香港にすべて譲渡し，香港子会社を上海子会社および深圳子会社の統括会社とした場合，香港統括会社に関わる主なグループ税負担の増減は下記のとおりです。

図表8-3　香港の事例②

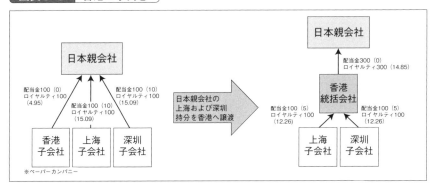

（注）（　）内は源泉税

前　提

＜再編前＞

① 日本本社が，香港，上海，深圳の出資持分を100％保有しており，これら子会社3社から配当および無形資産の使用許諾に係るロイヤルティを100ずつ受け取る。

② 香港子会社はペーパーカンパニーであり，日本ではタックス・ヘイブン対策税制の適用除外を受けられない。

＜再編後＞
① 日本本社は，上海および深圳法人の出資持分100％を香港子会社に譲渡し，香港子会社を上海および深圳法人を統括する統括会社とする。
② 香港統括会社は，上海および深圳各子会社から配当およびロイヤルティを100ずつ受け取り，日本親会社に配当およびロイヤルティをそれぞれ300ずつ送金する。
③ 香港統括会社は，日本親会社より使用の許諾を受けた無形資産に係るロイヤルティ300を日本親会社に支払い，上海および深圳各子会社に使用を再許諾した無形資産に係るロイヤルティ100を各子会社から受け取る。
④ 香港統括会社は，この再編を通じ，日本のタックス・ヘイブン対策税制の適用対象外となるものとする。

＜税負担額の比較＞
前提に基づき，再編前と再編後のグループ全体の税負担額を比較する。
※ 株式譲渡に伴う課税の影響額および増値税の源泉徴収税額に対して生じる附加税の源泉徴収税額の影響額は単純化のため考慮しない。
※ 香港統括会社が受け取るロイヤルティはオフショア所得となる可能性があるか，税務調査をクリアする必要がある等の実現可能性を考慮し，オンショア所得として計算する。

源泉税の内訳

＜再編前＞

	香 港	上 海	深 圳
配当金	源泉徴収無し	企業所得税 100×10％＝10	企業所得税 100×10％＝10
ロイヤルティ	事業所得税 100×30％× 16.5％＝4.95	企業所得税 100/（1＋6％） ×10％＝9.43 増値税 100/（1＋6％） ×6％＝5.66	企業所得税 100/（1＋6％） ×10％＝9.43 増値税 100/（1＋6％） ×6％＝5.66

＜再編後＞

	香 港	上 海	深 圳
配当金	源泉徴収無し	企業所得税（中港租税協定） 100×5％＝5	企業所得税（中港租税協定） 100×5％＝5
ロイヤルティ	事業所得税 300×30％× 16.5％＝14.85	企業所得税（中港租税協定） 100/（1＋6％） ×7％＝6.6 増値税 100/（1＋6％） ×6％＝5.66	企業所得税（中港租税協定） 100/（1＋6％） ×7％＝6.6 増値税 100/（1＋6％） ×6％＝5.66

事例3：香港に統括会社を設立した場合の税負担

損益計算書

	×1年度＜再編前＞				×2年度＜再編後＞			
	日本本社	香港子会社	上海子会社	深圳子会社	日本本社	香港統括会社	上海子会社	深圳子会社
売上	100,000.00	50,000.00	30,000.00	30,000.00	100,000.00	50,000.00	30,000.00	30,000.00
（ロイヤルティ収入）	300.00				300.00	200		
原価	80,000.00	40,000.00	24,000.00	24,000.00	80,000.00	40,000.00	24,000.00	24,000.00
粗利	20,300.00	10,000.00	6,000.00	6,000.00	20,300.00	10,200.00	6,000.00	6,000.00
販売管理費	10,000.00	5,000.00	5,000.00	5,000.00	10,000.00	5,000.00	5,000.00	5,000.00
（支払ロイヤルティ）		100.00	94.34	94.34		300.00	94.34	94.34
（源泉税）	55.13				14.85	34.53		
営業外収益								
（配当）	300.00				300.00	200.00		
税引前利益	10,544.87	4,900.00	905.66	905.66	10,585.15	5,065.47	905.66	905.66

合計税額

＜再編前＞

日本本社
税引前利益	a		10,544.87
受取配当金	b=300×95%		(285.00)
源泉税	c		852.31
タックス・ヘイブン対策税制課税対象額	d		4,091.50
課税所得	e=a+b+c+d		15,203.68
法人税（29.97%）	f=e×29.97%		4,556.54
外国税額控除	g		(851.18) (※)
法人税			3,705.36
税コスト			3,705.36

香港子会社
税引前利益	a		4,900.00
受取配当金			0.00
源泉税			0.00
課税所得	b		4,900.00
法人税（16.5%）	c=b×16.5%		808.50
外国税額控除			
法人税			808.50
税コスト			808.50

上海子会社
税引前利益	a		905.66
課税所得	b		905.66
法人税（25%）	c=b×25%		226.42
法人税			226.42
税コスト			226.42

＜再編後＞

日本本社
税引前利益	a		10,585.15
受取配当金	b=300×95%		(285.00)
源泉税	c		14.85
タックス・ヘイブン対策税制課税対象額	d		0.00
課税所得	e=a+b+c+d		10,315.00
法人税（29.97%）	f=e×29.97%		3,091.41
外国税額控除	g		(14.85) (※)
法人税			3,076.56
税コスト			3,076.56

香港統括会社
税引前利益	a		5,065.47
受取配当金	b		(200.00)
ロイヤルティ			(200.00)
源泉税	c		23.20
課税所得	d=a+b+c		4,688.67
法人税（16.5%）	e=d×16.5%		773.63
外国税額控除	f		(0.00)
法人税			773.63
税コスト			773.63

上海子会社
税引前利益	a		905.66
課税所得	b		905.66
企業所得税（25%）	c=b×25%		226.42
企業所得税			226.42
税コスト			226.42

深圳子会社				深圳子会社			
税引前利益	a		905.66	税引前利益	a		905.66
課税所得	b		905.66	課税所得	b		905.66
企業所得税（25%）	c=b×25%		226.42	企業所得税（25%）	c=b×25%		226.42
企業所得税			226.42	企業所得税			226.42
税コスト			226.42	税コスト			226.42
合計税コスト			4,966.69	合計税コスト			4,303.02

※
外国税額控除額の計算
1）直接外国税額控除
　　ロイヤルティに係る源泉　　源泉税（HK）　　4.95
　　　　　　　　　　　　　　　源泉税（SH）　　9.43
　　　　　　　　　　　　　　　源泉税（SZ）　　9.43
2）みなし外国税額控除　　　　源泉税（SH）　　9.43
　　　　　　　　　　　　　　　源泉税（SZ）　　9.43
3）特定外国関係会社にか　　　香港
　　かる外国税額控除　　　　　　　　　　　　808.50
　　小計　　　　　　　　　　　　　　　　　　851.18
4）控除限度額

　　4,556.54　×　5,543.81／15,203.68　＝　1,661.48

∴ 外国税額控除額　　　　　　　　　　　　　851.18

※
外国税額控除額の計算
1）直接外国税額控除
　　ロイヤルティに係る源泉　　源泉税（HK）　　14.85
　　　　　　　　　　　　　　　源泉税（SH）
　　　　　　　　　　　　　　　源泉税（SZ）
2）みなし外国税額控除　　　　源泉税（SH）
　　　　　　　　　　　　　　　源泉税（SZ）
3）特定外国関係会社にか　　　香港
　　かる外国税額控除
　　小計　　　　　　　　　　　　　　　　　　14.85
4）控除限度額

　　3,091.41　×　614.85／10,315.00　＝　184.27

∴ 外国税額控除額　　　　　　　　　　　　　14.85

1　上海持分および深圳持分の譲渡損益課税

　譲渡側である日本の税務上は，100％子会社に対する現物出資は適格再編とみなされ，譲渡時の譲渡損益課税が発生しない取引に該当します。株式譲渡については，100％子会社に対するものであっても，譲渡損益課税が発生する取引に該当します。

　譲受け側である香港の会社条例上，出資は必ず現金で払い込まなければならないという規定はなく，現物出資も可能です。日本親会社より，上海子会社および深圳子会社の全株式を譲り受けた時点では，香港において当該譲受取引に係る課税関係は発生しません。

　また，譲渡対象の子会社がある中国の税務上は，中国内の財産を譲渡することと等しいとされるため，株式譲渡所得に対する10％の譲渡損益課税（企業所得税の源泉課税）が発生します。一定の要件を満たせば，日本の適格再編に相当する特殊税務処理に該当し，当該譲渡損益課税が繰り延べられるとされていますが，実務上，中国税務局による特殊性税務処理の承認を容易に受けられな

いのが現状です。

2 配当金

(1) 支払配当金
　香港内の法人より支払われる配当金は，支払先の香港内外を問わず非課税取引となるために，日本親会社へ支払われる配当金に対し源泉税は発生しません。
　上海子会社および深圳子会社から香港統括会社へ支払う配当については，支払時に企業所得税の源泉課税を受けますが，源泉税率は中港租税協定により原則5％であるため，中国内の法人が日本親会社へ配当金を支払う場合の源泉税率10％に比べ5％の軽減となります。

(2) 受取配当金
　上海子会社および深圳子会社からの受取配当金は，香港では非課税取引となり税負担は発生しません。

　以上から，本事例において，配当金に関しては，税負担の変化が全体として日本親会社への配当支払に係る源泉税20から香港統括会社への配当支払に係る源泉税10へと減少するため，再編によるメリットがあるといえます。

3 ロイヤルティ

(1) 支払ロイヤルティ
　香港統括会社から日本親会社へ支払われるロイヤルティは，香港において通常，みなし所得率30％に事業所得税率16.5％を乗じた4.95％の税率による事業所得税が源泉徴収されます。
　また，上海子会社および深圳子会社から香港統括会社へ支払われるロイヤルティは，上海および深圳において，企業所得税7％および増値税6％が源泉徴

収されます。その他,増値税額に対して,附加税が源泉徴収されます。

(2) 受取ロイヤルティ

香港統括会社が上海子会社または深圳子会社から支払を受けたロイヤルティは,香港では通常オフショア所得[注]として非課税の取扱いを受けることが可能です。当該ロイヤルティが香港に源泉があるとみなされる場合は香港で課税されることになりますが,その場合,上海および深圳で源泉課税された企業所得税につき,香港統括会社において外国税額控除を行うことが可能です。

その他,事例とは関連しませんが,日本親会社が形成した無形資産を香港統括会社に移転するケースも考えられます。

この場合,譲渡側の日本では譲渡損益課税が発生します。

日本で課税されていたロイヤルティ収入については,無形資産の移転によりロイヤルティ収入を受ける香港で課税,もしくはオフショア所得として取り扱われることになるため,香港統括会社が日本のタックス・ヘイブン対策税制の適用対象外である場合には,日本と香港の法人税率の差異による税負担額減少のメリットが考えられます。

(注) 第3章第2節**4**(3)を参照ください。

以下,事例にはあげていませんが,香港に統括会社を有することにより想定される取引の課税関係やメリットをあげます。

4 利　息

(1) 支払利息

香港内の法人から香港非居住者に支払われる利息は,香港での課税所得を創出するものである場合や,香港に源泉があるとされるもの[注]を除き,原則香港で損金不算入の取扱いを受け,源泉課税は適用されません。日港租税協定では日本親会社への支払利息に係る事業所得税の源泉税率の上限は10%と規定

されていますが，香港の制度のほうが有利であるため源泉税は発生しないことになります（香港において源泉課税されるような場合は，日本親会社での外国税額控除の対象となります）。

したがって，香港統括会社からの支払利息の金額が増加すると，香港では支払利息は損金不算入であるため，グループの税負担が増加する可能性があります。

また，上海子会社および深圳子会社から香港統括会社へ支払われる利息は，中港租税協定により企業所得税7％のほか6％の増値税が源泉徴収されます。また源泉徴収される営業税額に対し附加税が計13％（地区によって異なる場合があります）源泉徴収されます。

(注) 第3章第2節**4**(3)を参照ください。

(2) 受取利息

香港外からの受取利息は，当該受取利息が香港内に源泉があるとみなされる場合のみ香港で課税対象となります。日本親会社からの借入金をそのまま子会社へ転貸しているケースなど，香港に源泉があるとみなされないオフショア取引の場合，香港では非課税取引となります。香港に源泉があるとみなされ課税された場合は香港統括会社にて外国税額控除を行うことは可能です。

5 統括業務に関するサービス料

統括業務に関するサービス料収入は，原則香港で課税されます。日本親会社が受けていたサービス料収入を香港統括会社が受けることにより，香港統括会社が日本のタックス・ヘイブン対策税制の適用対象外である場合には，日本と香港の法人税率の差異による税負担額減少のメリットが考えられます。

6 香港統括会社の資金活用

　香港統括会社のメリットとして資金活用の効率化もあげられます。金融の自由度の高い香港で資金を一元管理することにより，為替リスクの低減のほか，再投資や資金の融通，グループ拠点間の取引を仲介することによるネッティング（相殺）決済など，グループ全体の資金効率を高めることができます。加えて域内グループ拠点と第三者間の取引を仲介することで，グループファイナンス機能を持たせ，グループ企業の財務を支える役割を担うことができます。そのほか，中国本土への投資を考えた場合，香港は最大のオフショア人民元センターであり人民元調達の利便性が高いことも香港に統括会社を設立するメリットの1つといえます。さらに，2016年4月1日以降開始する事業年度から「適格コーポレートとレジャリーセンター優遇税制」の恩恵を享受できる可能性があります。これは一定の適用要件を満たすことで**4**(1)で述べた，海外関連会社からの借入金に対する支払利息の損金不算入が損金算入可能となり，さらに金融財務活動に関連する受取利息などに対する税率が半減されるというものです。こうした制度設計を通じて，海外からの地域統括会社ならびにファイナンス機能を持った法人を積極的に誘致しています。

事例4：上海に中国国内統括会社を設立した場合の税負担

上海に統括会社を設立する事例も増えてきています。この場合は，中国本土に複数ある既存の法人の統括を行うのが通常です。

ここで，図表8-4のとおり，日本親会社の100％子会社が3社あり（上海，北京および深圳），そのうちの北京持分および深圳持分を上海にすべて譲渡し，上海子会社を北京子会社および深圳子会社の統括会社とした場合，上海統括会社に関わる主なグループ税負担の増減は下記のとおりです。

図表8-4　上海の事例

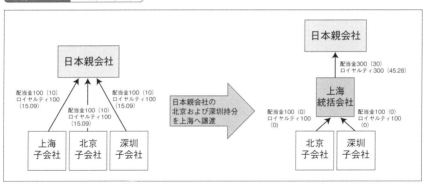

（注）（　）内は源泉税

前　提

＜再編前＞

① 日本本社が，上海，北京，深圳の出資持分を100％保有しており，これら子会社3社から配当および無形資産の使用許諾に係るロイヤルティを100ずつ受け取る。

＜再編後＞

① 日本本社は，北京および深圳法人の出資持分100％を上海子会社に譲渡

し，上海子会社を北京および深圳法人を統括する統括会社とする。
② 上海統括会社は，北京および深圳各子会社から配当を100ずつ受け取り，日本親会社に配当を300送金する。
③ 上海統括会社は，日本親会社より使用の許諾を受けた無形資産に係るロイヤルティ300を日本親会社に支払い，北京および深圳各子会社に使用を再許諾した無形資産に係るロイヤルティ100を各子会社から受け取る。

＜税負担額の比較＞

前提に基づき，再編前と再編後のグループ全体の税負担額を比較する。
※ 株式譲渡に伴う課税の影響額および増税値の源泉徴収税額に対して生じる附加税の源泉徴収税額の影響額は単純化のため考慮しない。

源泉税の内訳

＜再編前＞　　　　　　　　　　　　　＜再編後＞

	上海	北京	深圳		上海	北京	深圳
配当金	企業所得税 100×10％＝10	企業所得税 100×10％＝10	企業所得税 100×10％＝10	配当金	企業所得税 300×10％＝30	源泉徴収無し	源泉徴収無し
ロイヤルティ	企業所得税 100/(1+6％) ×10％＝9.43 増値税 100/(1+6％) ×6％＝5.66	企業所得税 100/(1+6％) ×10％＝9.43 増値税 100/(1+6％) ×6％＝5.66	企業所得税 100/(1+6％) ×10％＝9.43 増値税 100/(1+6％) ×6％＝5.66	ロイヤルティ	企業所得税 300/(1+6％) ×10％＝28.30 増値税 300/(1+6％) ×6％＝16.98	源泉徴収無し	源泉徴収無し

事例4：上海に中国国内統括会社を設立した場合の税負担

損益計算書

	×1年度＜再編前＞				×2年度＜再編後＞			
	日本本社	上海子会社	北京子会社	深圳子会社	日本本社	上海統括会社	北京子会社	深圳子会社
売上	100,000.00	30,000.00	30,000.00	30,000.00	100,000.00	30,000.00	30,000.00	30,000.00
（ロイヤルティ収入）	300.00				300.00	200.00		
原価	80,000.00	24,000.00	24,000.00	24,000.00	80,000.00	24,000.00	24,000.00	24,000.00
粗利	20,300.00	6,000.00	6,000.00	6,000.00	20,300.00	6,200.00	6,000.00	6,000.00
販売管理費	10,000.00	5,000.00	5,000.00	5,000.00	10,000.00	5,000.00	5,000.00	5,000.00
（支払ロイヤルティ）		94.34	94.34	94.34		283.02	100.00	100.00
（源泉税）	75.28				75.28			
営業外収益								
（配当）	300.00				300.00	200.00		
税引前利益	10,524.72	905.66	905.66	905.66	10,524.72	1,116.98	900.00	900.00

合計税額

＜再編前＞

日本本社
税引前利益	a		10,524.72
受取配当金	b=300×95%		(285.00)
源泉税	c		58.29
課税所得	d=a+b+c		10,298.01
法人税（29.97%）	e=d×29.97%		3,086.31
外国税額控除	f		(56.58) （※）
法人税	g=e+f		3,029.73
税コスト			3,029.73

上海子会社
税引前利益	a		905.66
受取配当金	b		
課税所得	c=a+b		905.66
法人税（25%）	d=c×25%		226.42
法人税			226.42
税コスト			226.42

北京子会社
税引前利益	a		905.66
課税所得	b		905.66
法人税（25%）	c=b×25%		226.42
法人税			226.42
税コスト			226.42

深圳子会社
税引前利益	a		905.66
課税所得	b		905.66
企業所得税（25%）	c=b×25%		226.42
企業所得税			226.42

＜再編後＞

日本本社
税引前利益	a		10,524.72
受取配当金	b=300×95%		(285.00)
源泉税	c		58.30
課税所得	d=a+b+c		10,298.02
法人税（29.97%）	e=d×29.97%		3,086.32
外国税額控除	f		(56.60) （※）
法人税	g=e+f		3,029.72
税コスト			3,029.72

上海統括会社
税引前利益	a		1,116.98
受取配当金	b		(200)
課税所得	c=a+b		916.98
法人税（25%）	c=b×25%		229.25
法人税			229.25
税コスト			229.25

北京子会社
税引前利益	a		900.00
課税所得	b		900.00
法人税（25%）	c=b×25%		225.00
法人税			225.00
税コスト			225.00

深圳子会社
税引前利益	a		900.00
課税所得	b		900.00
企業所得税（25%）	c=b×25%		225.00
企業所得税			225.00

税コスト	226.42	税コスト	225.00
合計税コスト	3,708.98	合計税コスト	3,708.97

※
外国税額控除額の計算
1) 直接外国税額控除
　　ロイヤルティに係る源泉　源泉税（SH）　9.43
　　　　　　　　　　　　　　源泉税（BJ）　9.43
　　　　　　　　　　　　　　源泉税（SZ）　9.43
2) みなし外国税額控除　　　源泉税（SH）　9.43
　　　　　　　　　　　　　　源泉税（BJ）　9.43
　　　　　　　　　　　　　　源泉税（SZ）　9.43
3) 特定外国関係会社に係
　　る外国税額控除
　　　　小計　　　　　　　　　　　　　　56.58
4) 控除限度額

$$3{,}086.31 \times \frac{658.29}{10{,}298.01} = 197.29$$

∴ 外国税額控除額　　　　　　　　　　56.58

※
外国税額控除額の計算
1) 直接外国税額控除
　　ロイヤルティに係る源泉　源泉税（SH）　28.30
　　　　　　　　　　　　　　源泉税（BJ）
　　　　　　　　　　　　　　源泉税（SZ）
2) みなし外国税額控除　　　源泉税（SH）　28.30
　　　　　　　　　　　　　　源泉税（BJ）
　　　　　　　　　　　　　　源泉税（SZ）
3) 特定外国関係会社に係
　　る外国税額控除
　　　　小計　　　　　　　　　　　　　　56.60
4) 控除限度額

$$3{,}086.32 \times \frac{658.30}{10{,}298.02} = 197.29$$

∴ 外国税額控除額　　　　　　　　　　56.60

1 北京持分および深圳持分の譲渡損益課税

　譲渡側である日本の税務上は，100％子会社に対する現物出資は適格再編とみなされ，譲渡時の譲渡損益課税が発生しない取引に該当します。株式譲渡については，100％子会社に対するものであっても，譲渡損益課税が発生する取引に該当します。

　また，譲渡対象子会社がある北京および深圳について，中国の税務上は，中国の財産を譲渡することと等しいとされるため，株式譲渡利益に対する10％の譲渡損益課税（企業所得税の源泉課税）が発生します。一定の要件を満たせば，日本の適格再編に相当する特殊税務処理に該当し，当該譲渡損益課税が繰り延べられるとされています。

2 配当金

(1) 支払配当金

　中国内の法人より日本親会社へ支払う配当金については，企業所得税10％の源泉税が発生します。北京子会社および深圳子会社から上海統括会社へ支払う

配当については，国内取引となるため源泉課税を受けません。

(2) 受取配当金

上海統括会社が北京子会社および深圳子会社から受け取る配当は，全額益金不算入となります。

3 ロイヤルティ

(1) 支払ロイヤルティ

上海統括会社から日本親会社へ支払われるロイヤルティは，上海において企業所得税10％および増値税6％が源泉徴収されます。その他，増値税額に対して，附加税が（地区によって異なります。以下同じ）源泉徴収されます。

北京子会社および深圳子会社から上海統括会社へ支払われるロイヤルティは，国内取引となるため源泉課税を受けません。

(2) 受取ロイヤルティ

上海統括会社が北京子会社および深圳子会社から支払を受けたロイヤルティは，通常の国内取引として上海統括会社の益金に算入され企業所得税が課されます。また，増値税の課税対象にもなるため，ロイヤルティ収入額に対し増値税6％（上海統括会社が増値税の小規模納税人の場合は3％）および増値税額に対する附加税が発生します。

その他，事例とは関連しませんが，日本親会社が形成した無形資産を上海統括会社に移転するケースも考えられます。

この場合，譲渡側の日本では譲渡損益課税が発生します。

日本で課税されていたロイヤルティ収入については，無形資産の移転によりロイヤルティ収入を受ける中国で課税されることになるため，日本と中国の法人税率の差異による税負担額減少のメリットが考えられます。

以下，事例にはあげていませんが，中国に中国内の法人を統括する統括会社を有することにより想定される取引の課税関係やメリットをあげます。

4 利　息

中国内の法人が他の法人に直接資金を貸し付けるためには，その法人が中国銀行業監督管理委員会により設立認可された企業集団財務公司であるか，人民銀行（中国の中央銀行）より貸付業務の認可を受ける必要がありますが，いずれも認可を受けることは困難であるため，通常，統括会社の被統括会社への資金の融通は，銀行を介した委託貸付やプーリングの方法によります。

(1) 支払利息

中国内の法人より日本親会社へ支払う利息については，企業所得税10％のほか増値税6％および増値税額に対する附加税が源泉徴収されます。

被統括会社から統括会社へ支払う利息については，国内取引となるため源泉課税を受けません。

(2) 受取利息

統括会社の受取利息に関しては全額企業所得税の益金に算入され，また増値税6％（上海統括会社が小規模納税人の場合は3％）および増値税額に対する附加税計が課せられます。

5 統括業務に関するサービス料

統括業務に関するサービス料収入は，中国で課税されます。日本親会社が受けていたサービス料収入を上海統括会社が受けることにより，日本と中国の法人税率の差異による税負担額減少のメリットが考えられます。

6 上海統括会社の資金活用

　香港やシンガポールと異なり，外貨規制や資金活用の制限のある中国では上海統括会社に資金をプールさせるメリットは大きくないといえます。ただし，中国内に複数法人を持つ場合には，ファイナンス機能のある統括会社を利用することにより，プーリングなどの方法により中国におけるグループ企業の資金効率の向上や被統括会社の迅速な資金調達を図ることができます。

【編者紹介】

税理士法人　名南経営

本店所在地：〒450-6333　愛知県名古屋市中村区名駅一丁目1番1号　JPタワー名古屋33F

名南コンサルティングネットワークの中核に位置し，創業52年目を迎え，中部地区最大級の税理士法人として，40名を超える税理士・公認会計士を擁する。国際税務サービスは，1990年より開始し，中国・ベトナムに駐在員を配置し，日本および現地でのサポート体制を充実させている。中小・中堅企業から上場企業まで，海外進出する日本企業の会計・税務コンサルティングを中心にサポートしている。

NAC国際会計グループ（NAC Global Co., Ltd.）

住所：香港中環金鐘道89号　力寶中心二座2408室
拠点：中国10拠点，および香港，シンガポール，バンコク，ホーチミン，ハノイ，ジャカルタ，デリー，ヤンゴン等

アジア進出の日系企業に，会計・税務のほか，会社設立・組織再編・労務サービスなどを提供するコンサルティング・ファーム。香港，シンガポール，ベトナムをはじめ中国アジア21拠点。現地常駐日本人専門家50名超の日系最大級の総合力と専門性で企業の海外進出をサポート。

【執筆者一覧】

税理士法人　名南経営
　　近藤充，浦田雄治，山口亜祐

香港（NAC Global Co.,Ltd.）
　　中小田聖一，村田学，Eddy Pui

シンガポール（AVIC NAC PTE LTD.）
　　山鹿雅夫，越智真，Adeline Tan

上海（上海NAC名南企業管理諮詢有限公司）
　　高本きよみ

アジア統括会社の税務入門(第2版)

2013年9月20日	第1版第1刷発行
2018年2月1日	第2版第1刷発行

<table>
<tr><td>編　者</td><td>税理士法人　名南経営
NAC国際会計グループ</td></tr>
<tr><td>発行者</td><td>山　本　　　継</td></tr>
<tr><td>発行所</td><td>㈱中央経済社</td></tr>
<tr><td>発売元</td><td>㈱中央経済グループ
パブリッシング</td></tr>
</table>

〒101-0051　東京都千代田区神田神保町1-31-2
電話　03 (3293) 3371 (編集代表)
　　　03 (3293) 3381 (営業代表)
http://www.chuokeizai.co.jp/
印刷／㈱堀内印刷所
製本／有井上製本所

© 2018
Printed in Japan

＊頁の「欠落」や「順序違い」などがありましたらお取り替えいたしますので発売元までご送付ください。(送料小社負担)
ISBN978-4-502-25511-3　C3034

JCOPY〈出版者著作権管理機構委託出版物〉本書を無断で複写複製（コピー）することは，著作権法上の例外を除き，禁じられています。本書をコピーされる場合は事前に出版者著作権管理機構（JCOPY）の許諾を受けてください。
JCOPY〈http://www.jcopy.or.jp　eメール：info@jcopy.or.jp　電話：03-3513-6969〉

―■おすすめします■―

学生・ビジネスマンに好評
■最新の会計諸法規を収録■

新版 会計法規集

中央経済社編

会計学の学習・受験や経理実務に役立つことを目的に，最新の会計諸法規と企業会計基準委員会等が公表した会計基準を完全収録した法規集です。

《主要内容》

会計諸基準編＝企業会計原則／外貨建取引等会計処理基準／連結CF計算書等作成基準／研究開発費等会計基準／税効果会計基準／減損会計基準／自己株式会計基準／1株当たり当期純利益会計基準／役員賞与会計基準／純資産会計基準／株主資本等変動計算書会計基準／事業分離等会計基準／ストック・オプション会計基準／棚卸資産会計基準／金融商品会計基準／関連当事者会計基準／四半期会計基準／リース会計基準／工事契約会計基準／持分法会計基準／セグメント開示会計基準／資産除去債務会計基準／賃貸等不動産会計基準／企業結合会計基準／連結財務諸表会計基準／研究開発費等会計基準の一部改正／変更・誤謬の訂正会計基準／包括利益会計基準／退職給付会計基準／原価計算基準／監査基準／連続意見書 他

会社法編＝会社法・施行令・施行規則／会社計算規則

金商法編＝金融商品取引法・施行令／企業内容等開示府令／財務諸表等規則・ガイドライン／連結財務諸表規則・ガイドライン／四半期財務諸表等規則・ガイドライン／四半期連結財務諸表規則・ガイドライン 他

関連法規編＝税理士法／討議資料・財務会計の概念フレームワーク 他

■中央経済社■

● 実務・受験に愛用されている読みやすく正確な内容のロングセラー！

定評ある税の法規・通達集シリーズ

所得税法規集
日本税理士会連合会 編
中央経済社

❶所得税法 ❷同施行令・同施行規則・同関係告示 ❸租税特別措置法(抄) ❹同施行令・同施行規則(抄) ❺震災特例法・同施行令・同施行規則(抄) ❻復興財源確保法(抄) ❼復興特別所得税に関する政令・同省令 ❽災害減免法・同施行令(抄) ❾国外送金等調書提出法・同施行令・同施行規則・同関係告示

所得税取扱通達集
日本税理士会連合会 編
中央経済社

❶所得税取扱通達(基本通達／個別通達) ❷租税特別措置法関係通達 ❸国外送金等調書提出法関係通達 ❹災害減免法関係通達 ❺震災特例法関係通達 ❻索引

法人税法規集
日本税理士会連合会 編
中央経済社

❶法人税法 ❷同施行令・同施行規則・法人税申告書一覧表 ❸減価償却耐用年数省令 ❹法人税法関係告示 ❺地方法人税法・同施行令・同施行規則 ❻租税特別措置法(抄) ❼同施行令・同施行規則・同関係告示 ❽震災特例法・同施行令・同施行規則(抄) ❾復興財源確保法(抄) ❿復興特別法人税に関する政令・同省令 ⓫租特透明化法・同施行令・同施行規則

法人税取扱通達集
日本税理士会連合会 編
中央経済社

❶法人税取扱通達(基本通達／個別通達) ❷租税特別措置法関係通達(法人税編) ❸連結納税基本通達 ❹租税特別措置法関係通達(連結納税編) ❺減価償却耐用年数省令 ❻機械装置の細目と個別年数 ❼耐用年数の適用等に関する取扱通達 ❽震災特例法関係通達 ❾復興特別法人税関係通達 ❿索引

相続税法規通達集
日本税理士会連合会 編
中央経済社

❶相続税法 ❷同施行令・同施行規則・同関係告示 ❸土地評価審議会令・同省令 ❹相続税法基本通達 ❺財産評価基本通達 ❻相続税法関係個別通達 ❼租税特別措置法(抄) ❽同施行令・同施行規則(抄)・同関係告示 ❾租税特別措置法(相続税法の特例)関係通達 ❿震災特例法・同施行令・同施行規則・同関係告示 ⓫震災特例法関係通達 ⓬災害減免法・同施行令(抄) ⓭国外送金等調書提出法・同施行令・同施行規則・同関係通達 ⓮民法(抄)

国税通則・徴収・犯則法規集
日本税理士会連合会 編
中央経済社

❶国税通則法 ❷同施行令・同施行規則・同関係告示 ❸関係通達 ❹租税特別措置法・同施行令・同施行規則(抄) ❺国税徴収法 ❻同施行令・同施行規則 ❼国税徴収法取締法・同施行規則 ❽滞調法・同施行令・同施行規則 ❾税理士法・同施行令・同施行規則・同関係告示 ❿電子帳簿保存法・同施行令・同施行規則・同関係告示 ⓫行政手続オンライン化法・同国税関係法令に関する省令・同関係告示 ⓬行政手続法 ⓭行政不服審査法 ⓮行政事件訴訟法 ⓯組織的犯罪処罰法(抄) ⓰没収保全と滞納処分との調整令 ⓱犯罪収益規則(抄) ⓲麻薬特例法(抄)

消費税法規通達集
日本税理士会連合会 編
中央経済社

❶消費税法 ❷同別表第三等に関する法令 ❸同施行令・同施行規則・同関係告示 ❹消費税法基本通達 ❺消費税申告書様式等 ❻消費税法等関係取扱通達等 ❼租税特別措置法(抄)・同施行令・同施行規則(抄)・同関係通達 ❽消費税転嫁対策法・同ガイドライン ❾震災特例法・同施行令(抄)・同関係告示 ❿震災特例法関係通達 ⓫税制改革法等 ⓬地方税法(抄) ⓭同施行令・同施行規則(抄) ⓮所得税・法人税政省令(抄) ⓯輸徴法令 ⓰関税法令(抄) ⓱関税定率法令(抄)

登録免許税・印紙税法規集
日本税理士会連合会 編
中央経済社

❶登録免許税法 ❷同施行令・同施行規則 ❸租税特別措置法・同施行令・同施行規則(抄) ❹震災特例法・同施行令・同施行規則(抄) ❺印紙税法 ❻租税特別措置法・同施行令・同施行規則(抄) ❼印紙税法基本通達 ❽印紙税額一覧表 ❾震災特例法・同施行令・同施行規則(抄) ❿震災特例法関係通達等

中央経済社

信頼の税務年度版ラインナップ

会計全書（平成29年度）

金子宏・斎藤静樹監修

「一億総活躍社会」実現のために、「働き方改革」を主軸とした29年度税制改正を網羅。税務法規編の文字が大きく読みやすく。

税務経理ハンドブック（平成29年度版）

日本税理士会連合会編

主要な国税・地方税の法令・通達を項目ごとに整理。平成29年度改正を織り込んだ最新版。

法人税重要計算ハンドブック（平成29年度版）

日本税理士会連合会編　中村慈美　他著

重要な項目や難解な規定について制度の内容と計算の要点をズバリ解説。法人の消費税も掲載。

所得税重要計算ハンドブック（平成29年度版）

日本税理士会連合会編　藤田良一著

所得税の税額計算の仕組みと要点を計算例でわかりやすく解説。個人事業者の消費税も掲載。

相続税重要計算ハンドブック（平成29年度版）

日本税理士会連合会編　武藤健造著

具体的な計算例で相続税・贈与税の課税の仕組みが理解できるように構成。事業承継税制も掲載。

税理士必携　速算表・要約表でみる税務ガイド（平成29年度版）

日本税理士会連合会編・鈴木修著

税理士業務で必須な各税目の税率・数字・要件等を厳選し、速算表・要約表の形で見やすく収録。

●中央経済社●